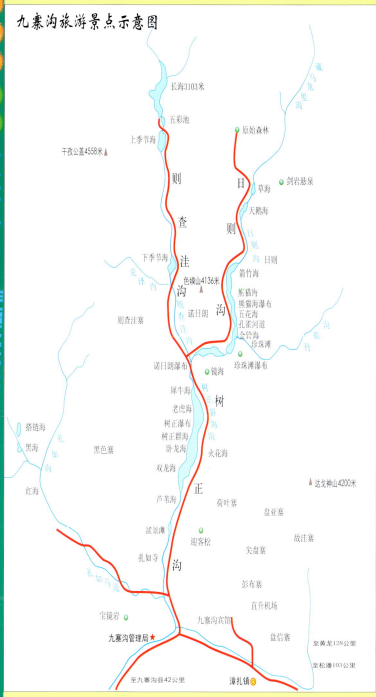

九寨沟旅游景点示意图

长海3103米

五彩池

上季节海

干孜公盖4558米▲

原始森林

草海

剑岩悬泉

则

查

洼

沟

下季节海

色嫫山4136米▲

诺日朗

则查洼寨

日

则

天鹅海

日则沟

日则

箭竹海

熊猫海

熊猫海瀑布

五花海

扎雀河道

金铃海

珍珠滩

诺日朗瀑布

镜海

珍珠滩瀑布

搭链海

黑海

红海

黑色寨

犀牛海

老虎海

树正瀑布

树正群海

卧龙海

双龙海

芦苇海

盆景滩

扎如寺

宝镜岩

树

正

沟

树

正

群

海

火花海

达戈神山4200米▲

荷叶寨

盘亚寨

故注寨

迎客松

尖盘寨

彭布寨

直升机场

盘信寨

九寨沟宾馆

九寨沟管理局★

至黄龙128公里

至松潘103公里

至九寨沟县42公里

漳扎镇◎

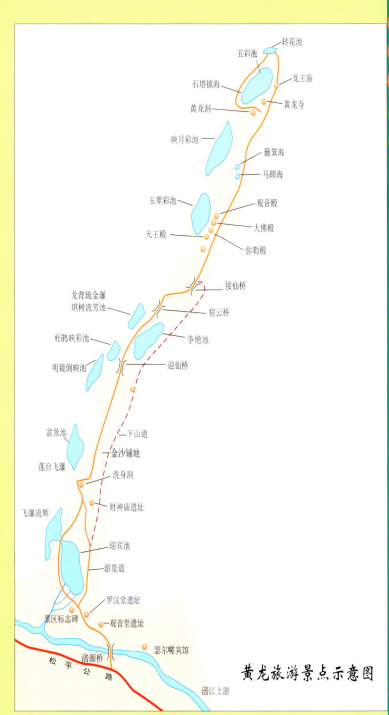

转花池

五彩池

龙王庙

石塔镇海

黄龙寺

黄龙洞

映月彩池

簸箕海

马蹄海

玉翠彩池

观音殿

大佛殿

天王殿

弥勒殿

接仙桥

龙背琉金瀑

宿云桥

琪树流芳池

争艳池

杜鹃映彩池

明镜倒映池

迎仙桥

盆景池

下山道

金沙铺地

莲台飞瀑

洗身洞

财神庙遗址

飞瀑流辉

迎宾池

游览道

罗汉堂遗址

景区标志碑

观音堂遗址

瑟尔嵯宾馆

松

平

公

路

涪源桥

涪江上游

黄龙旅游景点示意图

从成都西行经都江堰，沿岷江河谷溯水而上，便是著名的川西北高原，高原属于青藏高原东南缘，由岷山、邛崃山、龙门山三大山系及高原草地构成。这里草泽丰沛，风景如画，山峦竞秀，河流密布，世界自然遗产——九寨沟风景名胜区与黄龙风景名胜区就深藏在这个远离尘世、自然纯净的世界里，等待着世人惊诧与期待的目光。

一 走进**九寨沟**与**黄龙**

　　九寨沟与黄龙是四川精品旅游区之一，从成都出发，既可走西线，也可走环线，还可乘飞机走"空中走廊"，全程约900千米，需要4～5天，并可延伸至红原、若尔盖、理县、马尔康等地，形成大九寨旅游区。

◆ 黄龙彩池

（一）走九环线

　　D1　从成都出发，沿成都－绵阳高速公路抵江油，经平武、川主寺镇抵达九寨沟，途中可参观江油的李白故里、平武报恩寺等景点（若旅途时间紧张，可在川主寺镇住宿）；

　　D2　全天游览九寨沟；

　　D3　由九寨沟返回，逛松潘古城，游黄龙（若日程安排宽松，可游览牟尼沟、神仙池，但需要增加一天的时间），夜宿茂县；

　　D4　返回成都。

（二）走西线

　　西线从成都出发，经都江堰、漩口、映秀、汶川、茂县、松潘

等地直抵九寨沟、黄龙风景区，行程约450千米，途中可游览茂县叠溪海子、松潘古城、红军长征纪念碑碑园等景点。

D1 由成都出发，经都江堰、汶川、茂县、松潘等地，行驶9小时左右到九寨沟；

D2 全天游览九寨沟；

D3 由九寨沟返回，游黄龙，夜宿茂县；

D4 返回成都。

若要游览神仙池，需要增加一天的时间。

（三）空中走廊

从成都双流国际机场乘飞机直达九寨沟黄龙机场，提前1～4周订票，票价约750元（含机场建设费），旅游旺季每天约有15个航班，飞行时间约50分钟。机场距黄龙40千米，距九寨沟80千米。空中走廊的开通，使得从各地到川西北大九寨旅游区的观光游览更加安全、快捷和舒适。

二 **九寨沟**之旅

"黄山归来不看山，九寨归来不看水"。没有一个到过九寨沟的人，会否认它超凡的魅力。人们说，如果世界上真有仙境，那就是九寨沟。相传在很久以前，九

◆童话世界

◆ 九寨红叶

寨沟和其他地方一样干旱贫瘠、缺水少树。一位男神仙达戈与美丽的女神仙沃诺色嫫自由恋爱，达戈揽九天风云为心爱的沃诺色嫫精心磨制了一面镜子，准备送给心上人梳妆打扮用。不料女神仙沃诺色嫫接镜时失手，宝镜从高空落下，摔成118块碎片散落在沟谷山地，变成了118个被人们称为"翠海"的彩色湖泊，形成了"梦幻世界"——九寨沟。

九寨沟古称"翠海"，据《南坪县志》记载，那里"水光浮翠，倒映林岚"。景区位于四川西北部的阿坝藏族羌族自治州九寨沟县境内，地处岷山山脉南段尕尔纳峰北麓，是长江水系嘉陵江源头的一条支沟，海拔2000～4300米。

（一）地理要素

九寨沟在地貌上属岷山山脉的深切割高山峡谷区，处在青藏高原东北边缘向四川盆地的过渡地带，这里地质背景复杂，碳酸盐分布广泛，褶皱断裂发育，新构造运动强烈，地质历史时期大规模的喀斯特作用，在这里形成了以植物喀斯特钙华沉积为主体，以艳丽典雅的群湖、奔泻湍急的溪流、飞珠溅玉的瀑群、古穆幽深的林莽、连绵起伏的雪峰为主要景观的九寨沟风景，如诗如画，美妙绝伦。

在气候上，九寨沟属高原湿润气候，表现为气候温和、降水适中、旱雨季分明但昼夜温差较大，气候的垂直分异较明显，山顶终年积雪。九寨沟春天的气温较低且变化较大，平均气温多在9℃～18℃之间，4月前有冻土及残雪。夏天气温回升较快且稳定，平均气温在19℃～22℃，但夜晚较凉，宜备薄毛衣。秋季天高气爽、气候宜人，气温多在7℃～18℃，昼夜温差较大，特别是

◆ 树正群海

◆ 九寨树正群海

10月后的深秋，白天可穿两件衣服甚至单衣，到了夜晚就得穿毛衣甚至防寒服了，10月下旬就有冻土出现。冬季较寒冷，气温多在0℃以下，冻土最深可达50厘米，积雪达25厘米。九寨沟年降水量700毫米左右，降水主要集中在5月至9月，7、8月是典型的雨季。全年无霜期100天左右。雾日少，日照率在40%左右。每年10月至次年4月为积雪期。

复杂的地形和山地气候的共同影响，使九寨沟的植物类型复杂而多样，并形成了完整的植物垂直带谱。沟内自然分布的原生植物有2576种，其中国家保护植物有24种；低等植物400余种，其中藻类植物212种；在藻类植物中，首次在九寨沟发现的藻类达40余种。植物区系成分十分丰富，许多古老、孑遗植物保存良好，单型属、少型属分别占植物总数的3.3%及13.73%，形态上原始的领春木、连香树、金连花、独叶草等对于研究植物系统演化及植物区系的演变均有一定的科学价值。

九寨沟景区的动物资源也很多样，有脊椎动物170种，鸟类141种，其中被列为国家保护动物的有17种，包括一类保护动物大熊

◆ 树正瀑布

猫、牛羚、金丝猴等，二类保护动物毛冠鹿、白唇鹿、小熊猫、猕猴、林麝、红腹角雉、绿尾红雉、大天鹅等，三类保护动物鬣羚（苏门羚）、斑羚、碙羊、蓝马鸡、血雉等。这些动物或出没林间，或飞翔于空中，或潜在湖里，使九寨沟的山水更显灵秀。

（二）主要景点

　　九寨沟现已开发出二滩、三沟、四瀑、十八群海，原始秀丽的风光主要分布在从沟口至诺日朗的主沟树正沟及两条支沟则查洼沟和日则沟上，平面形态呈"丫"字形，面积720平方千米。景区内有118个翠海（高山湖泊）、17个瀑布群，并有多处大面积钙华滩流及各种珍稀动植物。

【1.树正沟（主沟）景段】

　　由羊峒入沟，路过宝镜岩，上行6千米即到达树正沟的主要景段。这里主要有盆景海、芦苇海、双龙海、火花海、卧龙海、树正群海、老虎海和犀牛海等30多个海子和火花海瀑布、树正瀑布等。树正沟上下绵延近4千米，首尾高差100多米。陡立的瀑布、倾斜的浅滩、向下游弧形凸出的湖堤，均为灰黄色钙华所固结，表面长满了柳、柏、松、杉、花草及苔藓。洁净的水在浅滩的树干、树根中穿流，激起雪白的浪花；在瀑布陡坎上飞泻，挂起一幅幅白云般的水帘；在平坦的湖泊中荡漾，泛起碧绿的波光。

◎ 行行摄摄

在九寨沟内拍照，最好带上三脚架，一是为了保证照片的成像质量，尤其是在加大了景深而不得不将快门速度调慢的情况下；二是为了拍出特殊效果。比如，光圈开到最大，尽量使用慢速度胶片，镜头前加用阻光滤色镜……如此一来，没有三脚架又如何应付得了？

盆景滩

盆景滩是进入九寨沟后带给游客的第一个惊喜。这里的乳白色钙华浅滩上，生长着多种植物，河水清澈，抹滩流淌，杂树衬缀其间，盘根错节，一树一景，各异其趣，如盆景罗列。盆景滩的奇景正是九寨沟海子的另一种别处不见的神奇之处，就是海子当中有无处不在、千奇百怪的树枝树干。由于自然变异，这些树都生长出了能够直接从水中汲取养分的根须。水借树生景，树借水传情，相依相偎，多姿多彩。

芦苇海

芦苇海海拔2140米，是一个半沼泽湖泊。海中芦苇丛生，水鸟飞翔，清溪碧流，漾绿摇翠，蜻蜓空行，好一派泽国风光。微风习习，荡荡芦苇，一片青葱，绿浪起伏，飒飒之声，委婉抒情，使人心旷神怡。

花开时节芦苇海又是一番景象，鹅绒绒的芦花，搔首弄姿，扭捏作态，掀起层层絮潮，引来队队鹭鸶，双双野鸭。于是整个芦苇海中，充满了生气，撞击出诗的韵律，叩击着人们的心扉。

双龙海

双龙海在芦苇海之上，火花海瀑布群之下，透过晶莹的湖水，可以看到海中有两条带状的生物钙华礁堤隐隐潜伏于海底，活像两条蛟龙藏于海中，蠕蠕欲动，顾盼生风，随时要腾空而起，飞入苍穹。也许是蛟龙皈依、海中太平的缘故，这里时常有不少漂亮的天鹅和多情的鸳鸯小住。如果有幸，在这里可以欣赏野鸭群游和天鹅飞舞的景象，使你倍增游兴。

◆芦苇海

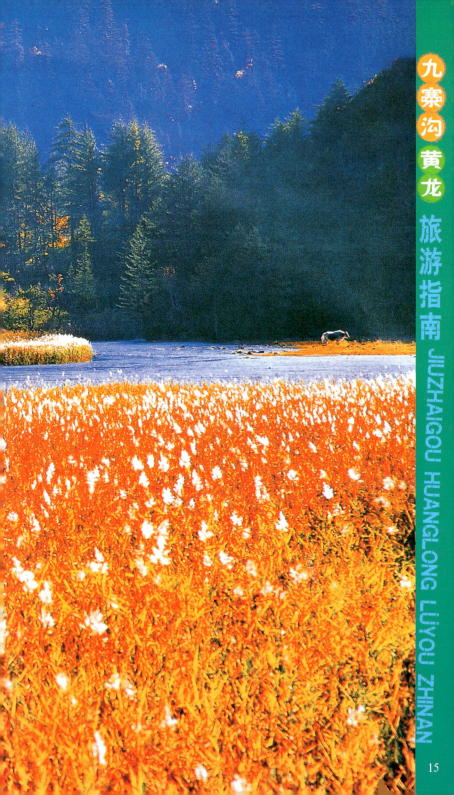

火花海

火花海海拔2187米，深9米，面积36352平方米，水色湛蓝，波光粼粼。每当晨雾初散、晨曦初照时，湖面会因为阳光的折射作用，让人看到在水面上似有朵朵火花燃烧，星星点点，跳跃闪动，因而得名"火花海"。夏季，海边野花盛开，团团簇簇，姹紫嫣红，花上露珠，晶莹剔透，闪闪发光，与海中火花相映成趣，韵味无穷。

行行摄摄

火花海是一个颇有神秘感的拍摄点，一定要早上拍摄。当然也不用太早，沟里的阳光总是迟到，一般8点以后才有阳光。随着晨光一寸寸将湖边的丛林照亮，后面的山体隐没在黑色中……此时，应该按阳光照亮的部分测光，这样，后面的山才能黑下去，闪烁的火花与乌黑的山体对衬，更显神秘和灵气。

◆ 火花海月夜

16

◆ 俯瞰犀牛海与老虎海

卧龙海

　　卧龙海海拔2215米，深22米，面积61838平方米。透过波平如镜的水面，一条乳白色钙华长堤横卧湖心，宛若一条蛟龙潜游海底。微风掠过，涟漪轻漾，龙体徐徐蠕动，鳞甲幽幽，闪烁不定；山风乍起，湖水泛波，卧龙摇头摆尾，欲腾、欲跃、欲飞；疾风过处，波光迷离，龙影顿时消匿。此景神秘莫测，令人惊叹。

老虎海

　　老虎海海拔2298米，位于树正瀑布之上，深邃恬静，沉默中蕴蓄着暴烈，安谧中隐藏着桀骜。泼云泻雪似的树正瀑布正是它陡然暴发的活力与激情，沉雄浑厚，宛若虎啸。

犀牛海

此海子水深17米，水色翠绿。传说很早以前，从西藏来了一位骑犀牛的高僧，这头犀牛为高僧代步操劳了一生，高僧为了感谢犀牛，打算寻找一个最圣洁的湖泊，放犀牛回家。他从西藏走来，一直没有寻到这样的圣湖。但当他来到九寨沟的这个湖泊前时，高僧一眼就看出这就是他要找的湖，于是就骑着犀牛跳入湖中，此湖也就因这个故事而得名"犀牛海"。

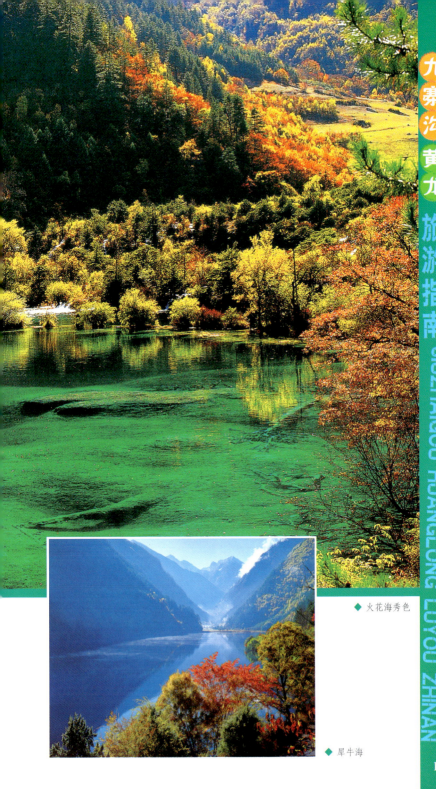

◆ 火花海秀色

◆ 犀牛海

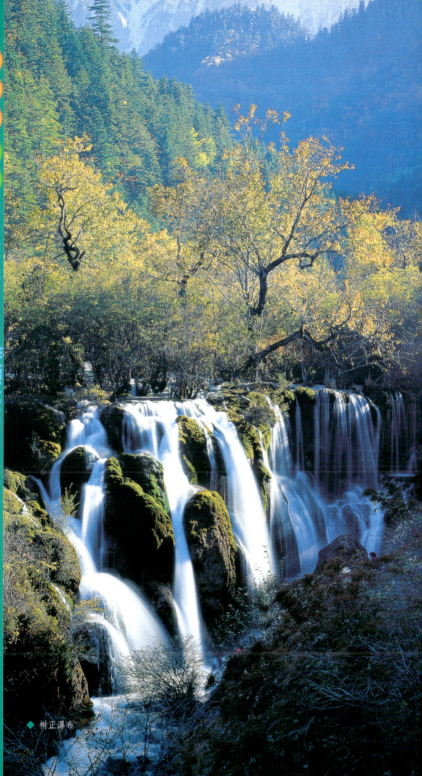

◆ 树正瀑布

树正瀑布

树正群瀑绵延数里，19个大小不同的梯级海子与碧翠丛林相环相绕，道道瀑布，穿掠其间，将个个海子贯连成串，群海之间，群瀑飞泻，崩珠捣玉，飞光流彩，蔚为奇观。

树正群海

树正群海由二三十个大小海子呈梯田状群集而成，前后连绵数里，上下高差近百米，柏、松、杉等翠绿树木密布于湖泊周围。湖水自上游翻堤而过，在树丛中穿流，跌落在下一层的海面形成叠瀑，激起银色的浪花，喧闹着直奔下游而去。这一道道的叠瀑与激流串起树正海中的各个海子，动静相隔。群海不仅高低层次分明，色彩也是层次分明，绿树绿得青翠，蓝海蓝得浓稠，叠瀑与水花白得轻盈，尤其是那绿中套蓝的色彩最为动人。

沿岸有千年古柏、奇花异草。春夏两季，林木葱茂，百花争艳，寒露之后，花儿凋谢，然而山槐绛红，山杏朱紫，椴叶浅黄，黄栌深橙；一簇簇山果，或像朵朵火苗，杂在墨绿松林间，一齐倒映在海水中，微风吹来，将它们融在一起，斑斓秋色，令人心醉。

◆ 树正磨房

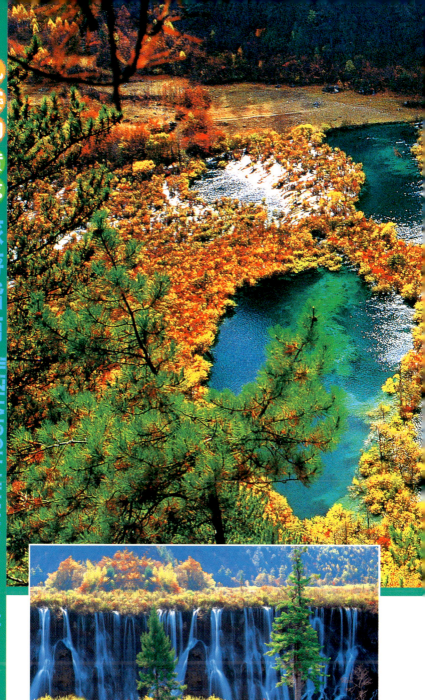

诺日朗瀑布

◆ 树正群海

诺日朗瀑布

藏语中"诺日朗"意指男神，也有伟岸高大的意思，因此诺日朗瀑布的意思就是雄伟壮观的瀑布，瀑布落差约24.5米，宽达270米，是九寨沟众多瀑布中最宽阔的一个。瀑布顶部平整如台，由数个梯湖构成，湖深达20米，已接近外侧沟底，故瀑顶好似一座单薄的钙华高坝。传说以前这里没有瀑布，只有平台。后来，远游归来的扎尔穆德和尚带回了贝叶经、铁犁铧和手摇纺车，聪

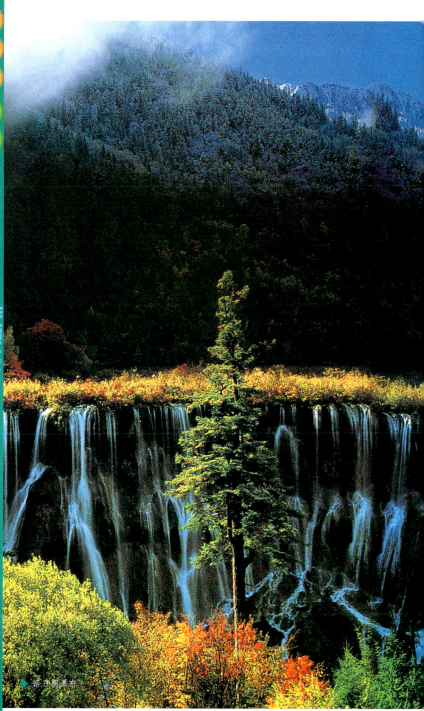

◆诺日朗瀑布

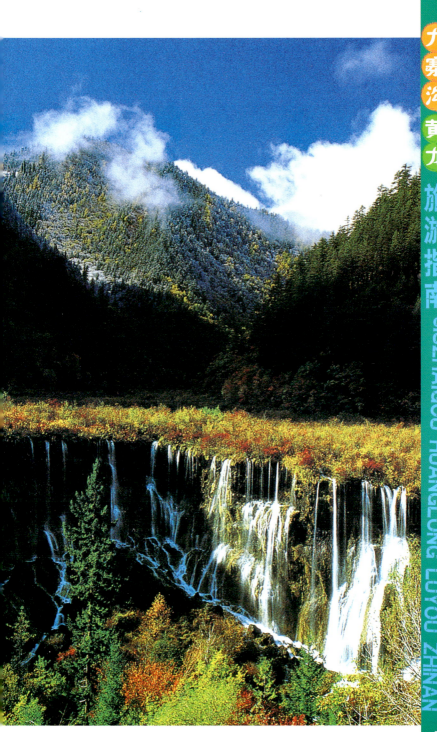

明美丽的藏族姑娘若依很快学会了用纺车纺线。她把纺车架到三沟交界的平台上，让过往的姐妹观看、学习，人们便叫这里为"纺织台"。凶残的头人罗扎认为她在搞歪门邪道，一脚把她和纺车踢下山崖。立刻，山洪暴发，把罗扎和帮凶冲下悬崖，纺织台就成了今天的瀑布。

滔滔水流自诺日朗群海而来，经瀑布的顶部流下，水流凌空而下，银花四溅，腾起蒙蒙水雾，水声隆隆，发出轰雷般的响声，声势极为壮观。早晨在阳光的照耀下，常可见到一道道彩虹横挂山谷，使得这一片飞瀑更加风姿迷人。冬季瀑水成冰，巨大的冰幔、无数的冰柱挂在陡壁之上，使这里变成了冰晶世界。

【2.日则沟景段】

从诺日朗瀑布向右前方行进就是日则沟，这是九寨沟最主要的景段，全长9000米。其主要景点依次是诺日朗瀑布、镜海、珍珠滩及珍珠滩瀑布、金铃海、五花海、高瀑布、熊猫海、箭竹海、天鹅海及原始森林等。这一路景点密集，好戏连台，尤其是珍珠滩瀑布、高瀑布和五花海最为有名。

◆ 镜海

镜海

离开诺日朗，沿着环山公路上行，有一片宽阔无比的山谷。山谷空旷，草木丛生，中间一缕清泉蜿蜒滑过，沿溪流而上不远处便是镜海。湖呈狭长形，长约1千米，四周为林木所包围。这里森林密集，林带色相四季变化，层次丰富。每当晨曦初露或朝霞吐辉之时，海水一平如镜，蓝天、白云、远山、近树，尽纳海底，海中景观，镜相清晰，红绿分明，色泽艳丽，富于变化。"鱼在天上游，鸟在水底飞"的奇幻景象，使人如醉如痴。镜海的倒影独霸九寨，来游九寨沟的宾客，莫不为镜海倒影的传神而叹为观止。

海边有一根碗口粗的长藤，紧紧地攀缘在一株参天大树上，与树齐高，直冲霄汉。树给藤无限温馨的绿荫，藤给树美丽清纯的爱恋，于是人们给镜海取了个美丽的别名——"爱情公园"。

📷 行行摄摄

镜海素以水面平静著称，尤其是早9点前和晚5点后无风的时候。但是平静的清晨，阳光一定不理想，可以等到下午的时候碰碰运气，因为这里的地势相对开阔，下午5点左右，还是阳光灿烂，若是风平浪静，镜海的倒影十分清晰，层次十分分明，正好可以多拍一些。

珍珠滩瀑布

珍珠滩海拔2433米，为巨大扇形钙华流，表面水柳、杜鹃丛生，清澈的水流在树干中穿行，在乳黄色的波状起伏的钙华滩上流淌，不时激起一阵阵雪白的浪花，飞出一串串银色的水珠。浪花和水珠在100多米宽的滩面上此起彼落，漫滩铺开，好似珍珠飞撒。阳光照射，晶莹夺目，像无数珍珠，满滩滚动，就仿佛是"大珠小珠落玉盘"。

相传色嫫大战蛇魔札时，被蛇魔札扯断项链，珍珠不断撒落于此，所以叫"珍珠滩"。曾经有四位男性从这里经过，他们不畏艰难险阻，不怕妖魔刁难，历经九九八十一难，终成正果。这就是《西游记》中的唐僧师徒四人，电视剧中的一些镜头就是在这里拍摄的。

从珍珠滩往下紧接珍珠滩瀑布，瀑布上部的陡坎仍由钙华固结，前缘呈圆弧形（局部坍塌），长160多米，高21米。由珍珠滩飞洒而来的水珠汇成急流，沿钙华陡崖飞泻，变成洁白的水帘和四射的浪花，在林海翠谷中发出隆隆吼声，如银河天降，气势磅礴。

五花海

五花海海拔2472米，深5米。五花海有"九寨沟一绝"和"九

◆ 珍珠滩瀑布

寨精华"之誉，是九寨沟的骄傲。同一水域，水下却呈现出鹅黄、墨绿、深蓝、藏青等色，斑驳迷离，色彩缤纷，这大自然妙笔涂抹的色彩，是那么大胆、强烈而又富于变幻。

　　在五花海的出水口与孔雀河道的交接之处，建有一座栈桥。栈桥南侧的湖面，似孔雀彩翅；栈桥北侧，河湾状如孔雀头颈，三株古树似顶戴花翎，因此从这里以下的河道被称为"孔雀河道"。在五花海东南侧的最高点上，有一块巨大的石头，称为"老虎石"，

站在这里俯视，可以欣赏到五花海的全貌，俨然是一只羽毛丰满的开屏孔雀。阳光一照，海子更为迷离恍惚，绚丽多姿，一片光怪陆离，使人进入了童话境地。一湖千变万化的锦绣，叫人痴迷沉醉。透过清澈的水面，可见湖底有泉水上涌，令人眼花缭乱。山风徐来，各种色彩相互渗透、镶嵌、错杂、浸染，五花海便充满了生命、活跃、跳动起来。

五花海的秋色极美。四周的山坡，入秋后便笼罩在一片绚丽的秋色中，色彩丰富，姿态万千，独霸九寨。这里的彩叶大半集中在出水口附近的湖畔，一株株彩叶交织成锦，如火焰流金；含碳酸钙质的池水，与含不同叶绿素的水生群落，在阳光作用下，幻化出缤纷色彩，一团团、一块块，有湛蓝、有墨绿、有翠黄；岸上林丛，赤橙黄绿倒映池中，一片色彩斑斓，与水下沉木、植物相互点染，其美尤妙。九寨人说：五花海是神池，它的水洒向哪儿，哪儿就花繁林茂，美丽富饶。

> ### 📷 行行摄摄
>
> 五花海是九寨沟景色最集中的景点，高角度拍摄全貌的最佳位置是老虎嘴，站在观景台前，整个湖面一览无余。老虎嘴是进入日则沟内的必经之路，因为是弯道，又是上坡，司机一般不会停车，可以在五花海下车，步行上来，或者游览熊猫海，顺公路走下来。

熊猫海

熊猫海海拔2587米，深14米，面积9万平方米。大熊猫被视为吉祥之物，深得九寨沟藏民的喜爱。据说九寨沟的大熊猫最喜欢来这里游荡、喝水、觅食，因此这一片海子被叫做"熊猫海"。

熊猫海海水清澈，倒影清晰。尤其是在风和日丽的晴天，湖上蓝天白云，岸边层林相间，湖畔群峰静立，倒映水中，一片迷离景象。湖边岩壁纹理奇特，倒映湖中，与湖旁水下自然地生着几圈黑色花纹的浑圆的貌似熊猫的白石相映成趣。

熊猫海下的高瀑布是九寨沟落差最大的钙华瀑布，瀑顶宽50米，三级跌水落差共为65米，飞流直下，声势恢弘。

◆ 五花海

箭竹海

箭竹海海拔2618米，深6米，面积17万平方米，海湖岸四周广生箭竹，是大熊猫喜食的食物，因而得名。箭竹海湖面开阔而绵长，水色碧蓝，历历倒影，直叫人分不清究竟是山入水中还是水浸山上。湖畔箭竹葱茏，杉木挺立；水中山峦对峙，竹影摇曳。虽至严冬，一汪湖水仍波光粼粼，充满生气。

剑岩和剑岩飞泉

山中岩多，并不稀罕，但此岩突出于山峦之上，形如宝剑，直插云天，成为一景。据说，此剑是藏族英雄格萨尔王的宝剑。当年他冲入地狱拯救母亲撤回的路上，为了震慑阎王追兵而把剑插在此处。

剑岩半山腰，有数股清泉漂流而下。悬崖峭壁上竟流出飞泉，真是不可思议。传说这些飞泉是格萨尔王的磨剑水，为了保持剑不

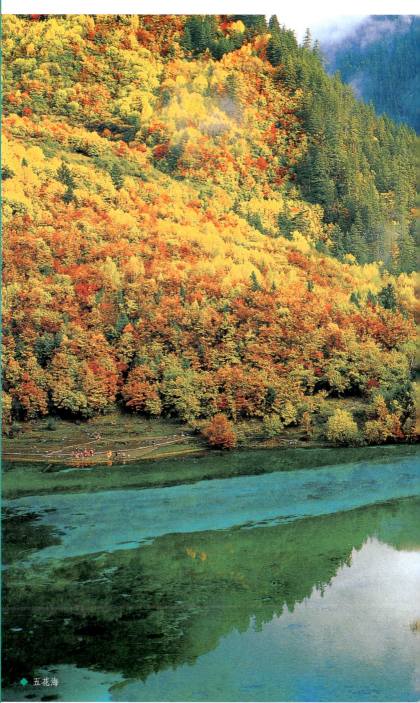

◆ 五花海

旅游指南 JIUZHAIGOU HUANGLONG LÜYOU ZHINAN

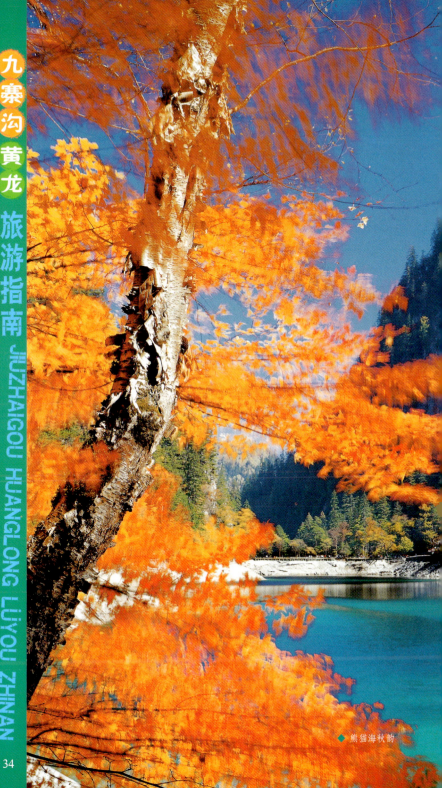

九寨沟黄龙
旅游指南
JIUZHAIGOU HUANGLONG LÜYOU ZHINAN

熊猫海秋韵

34

◆ 秋 林

生锈，刀口永远锋利，格萨尔王的侍从夜以继日地磨剑，不敢有半点懈怠，因此磨刀的泉水也永不枯竭地飞流。

原始森林

　　九寨沟有面积广大的原始森林，日则沟最顶端尽头处的一片原始森林，就是其中的一部分。置身林间，脚下踩着深厚柔软的苔藓落叶，鼻子嗅着芬芳潮湿的空气，耳朵听着松涛与鸟语，身上拂着野林山风，眼中看着林木葱郁，游人好似来到另一个世界，顿时有种超凡脱俗的感觉。

　　九寨植被，阳坡下部油松、栎树、云杉茂盛，阴坡下部铁杉、槭树、桦木、冷杉成林，上部则为高山灌木和高山草甸。这里的原始森林主要为针叶树种，枝叶苍绿如盖，遮天蔽日，生机盎然。

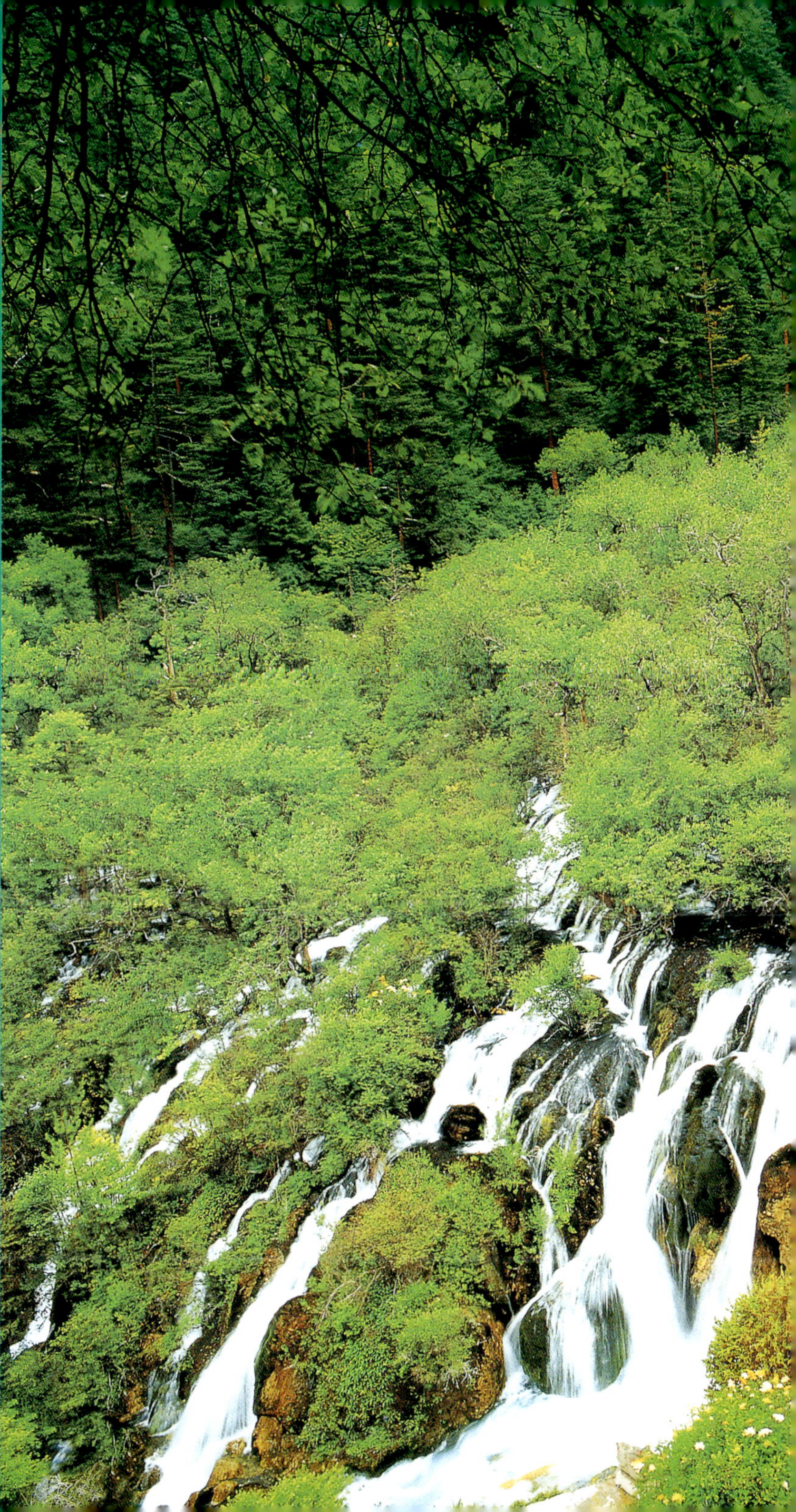

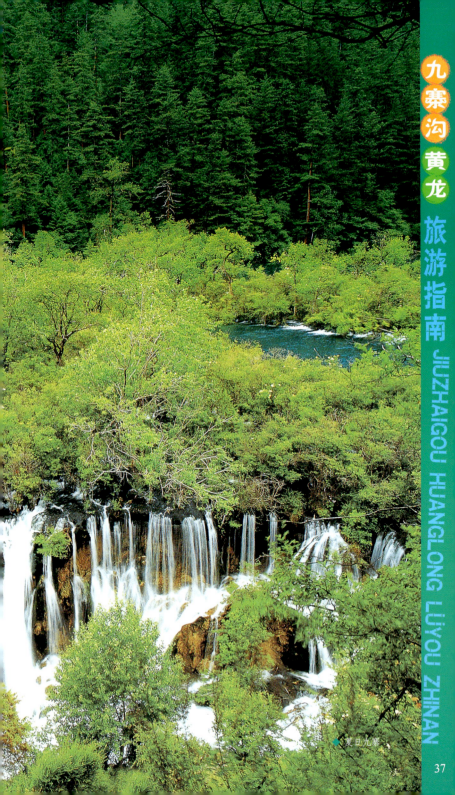

【3. 日则洼沟景段】

此景段分布于诺日朗至长海的8千米地段，景点有下季节海、上季节海、五彩池及长海。由于此沟较窄，沟底较高，沟中常年无水，上下季节海仅雨季有水，故景点不多，但上游的五彩池和长海却极其迷人。

季节海

上、下季节海之间距离很远，各有特色。上季节海海拔较高，毗邻五彩池，湖水随季节变化，时盈时涸。秋日雨季，湖水上涨，湖色湛蓝，夏日水浅呈翠绿色，初冬以后，湖水干涸，湖床上长满青草，山花烂漫，海子又成了放牧草滩。

下季节海镶嵌在花繁草茂的山坳里，水色最为湛蓝透明，就好像是鲜蓝的墨水，其水量仍然随着季节而变化。秋季时，雨量充沛，湖水饱满；冬春季节，水位渐低；到了初夏，湖水甚至全部干涸。离开下季节海沿着环山公路往下坡走，一到秋天，两侧尽是彩色的层林，飞金流彩，浓妆艳抹。

◆ 五彩池

五彩池

从上季节海行车上行不远，在海拔2995米处，五彩池就深藏在公路下边的深谷中。这个面积仅5645平方米、深6.6米的海子以秀美多彩、纯洁透明闻名于天下，是九寨沟湖泊中的精粹。湖里生长着水绵、轮藻、小蕨等水生植物群落，同时还生长芦苇、节节草、水灯芯等草本植物。这些水生群落所含叶绿素深浅不同，在富含碳酸钙质的湖水里，能呈现不同的颜色。由于池底沉淀物的色差以及池畔植物色彩的不同，原本湛蓝色的湖面变得五彩斑斓。同一湖泊里，有的水域蔚蓝、有的湾汊浅绿、有的水色绛黄、有的流泉粉蓝……变化无穷，煞是好看！在日头当顶，山风吹拂或以石击水时，还能溅开一圈圈金红、金黄和雪青的涟漪，分外妖艳。

更为奇怪的是，寒冬地冻三尺，而池水依然清波荡漾；四季雨旱交替，池水却似无增减。原来这里的池水是由位于高处的长海经地下补给，地下四季常温不冻，补给水量全年大体稳定之故。

五彩池异常清澈，透过池水，池底砾石棱角，岩面纹理，一一分明，池水蔚蓝宝绿，明澈透亮。

◆ 长海冬韵

长海

在则查洼沟的尽头，海拔3100米处，则是九寨沟湖面最宽阔、湖水最深的海子——长海。长海南北长7.5千米，宽500多米，水深80多米，最深处达百余米。

长海顺山弯去，头深藏在层峦叠嶂的山谷之中。海子对面，雪峰皑皑，冰斗、"U"字形谷等典型冰川景观历历在目，湖的两岸林木叶茂，一眼望去，水似明镜，巍巍雪峰，沐浴在蓝天白云之中，壮观绮丽。

一年四季，长海的景色变换无穷。春秋时节，长海景色愈加迷人：水中琉璃世界，在春日倒映出百花簇拥的雪山，斑斓金秋则映衬着层峦叠嶂的黄栌红枫；隆冬一到，群山琼花玉树，弥漫一色，令人叹为观止。此时的长海已成冰湖，湖面冰层厚达60厘米，长海成了天然冰上游乐场，游人可在此尽兴溜冰、跑马。

长海四周没有出水山，水源来自高山融雪，以潜流排向下游和邻沟。奇怪的是，长海的水从不会干涸，也不会溢堤，因此藏民称之为"装不满，漏不干"的宝葫芦。

北侧入口的湖岸有一棵独臂老人松，造型奇特，一侧枝叶横生，另一侧则秃如刀削，是长海的标志性景观，传说老人松是一位勇战蛟龙、造福九寨的老人的化身。

◆ 长海老人松

（三）景点提示

【1.门 票】

旺季（4月1日－11月15日，7∶00－19∶00）门票：310元（含观光车费）；

淡季（11月16日－3月31日，8∶00－17∶30）门票：160元（含观光车费）。

门票价格对持有效证件的学生、现役军人、老年人、残疾人实行优惠，淡季优惠价150元／人（含观光车费），旺季优惠价260元／人（含观光车费）。观光车采取一次购票的办法，在沟内有效，出沟再进就无效，保险费3元。

电话：0837－7739753

【2.酒 店】

五星级酒店： 九寨沟喜来登国际大酒店、第九寨宾馆、九寨天堂国际会议度假中心等，价格在600～1000元。

四星级酒店： 九寨沟冈拉美朵酒店、九寨度假村、格桑大酒店、九龙宾馆、千鹤大酒店，价格在300～600元。

三星级酒店： 金珠林卡度假酒店、九寨沟悠游度假酒店、九源国际饭店、绿野青年客栈、九寨沟风景名胜区管理局贵宾楼饭店等，价格在200～500元。

以上宾馆在每年9～10月房间非常紧张，主要保证团队。

二星级酒店： 九阳快捷酒店、江南客栈、卓玛青年旅舍等，价格在100～300元。

经济型宾馆： 有20多家普通宾馆可供游客选择。

【3.吃】

虫草鸭

初夏时节，九寨沟一带海拔3000～5000米的高山上，一根根形似刀鞘、色呈紫红的小小植物，顶破雪被，抖露出春的信息，它就是我国名贵中药材冬虫夏草。据现代药理分析，虫草含有氨基酸、蛋白质、虫草酸、冬虫夏草素等成分，除了对肾虚阳痿、遗精、腰膝酸痛等病症有奇特疗效外，还对久病体弱、贫血等有良好的补益作用。

九寨沟藏民们习惯用虫草做成虫草鸭，它的做法是：将活鸭杀后放尽血，将虫草10～20根用考究的刀工将其均匀地斜插在鸭背上，加上盐、姜等调料，然后放入沙锅中用文火炖熟。用此方法做成的虫草炖鸭，味极鲜美，汤色醇厚，还是上等补品。

贝母鸡

贝母是药用植物中的"名门望族"，九寨沟一带有川贝和暗紫贝母两种。贝母性味苦甘、凉口，能清肺散结、止咳，并能治疗吐痰咯血、心胸郁结、肺痿、肿痛等病症。做贝母鸡时，将鸡杀后去毛及内脏，洗净，在锅中待水开时打去血水，将鸡捞起，再用清水漂洗一下。然后将贝母用水洗过，用一铝锅或沙罐装水1.5千克，将鸡放入，同时下黄酒少许及贝母，盖严后用旺火烧开，然后小火炖两小时即成。

洋芋糍粑

洋芋又称土豆，原产于南美洲的安第斯山区，哥伦布发现新大陆后，由西班牙人带回欧洲。开始欧洲人认为它有毒，只作为奇花异草栽培观赏，而且还给它取了个使人闻而生畏的名字"妖魔苹果"。后来欧洲发生饥荒，有一位名叫法尔孟切的法国药剂师，一方面自己亲自种植、食用土豆，另一方面写文章给予介绍，邀请名人绅士品尝他用土豆制成的佳肴，土豆从此才渐渐被欧洲人接受。

九寨沟藏胞制作的洋芋糍粑，即是以土豆为主要原料烹调的膳食。制作时先将土豆煮熟，剥皮，然后在专用器具里捶捣，使之成为黏性很强的半干糊状物，食用时切成块状煮入酸菜汤内即成。吃时再根据个人口味放入精盐、红油辣椒或伴以蜂蜜、炒黄豆面等，味道鲜美，营养丰富。

素烧如意

如意菜即蕨菜，因其状若一柄绿莹莹的古代如意而得名，国外把它列为健康食品，称为"山菜之王"。据说蕨菜有治疗风湿的功效，并兼治高血压、头晕失眠及脱肛等症。制作素烧如意，

◆ 藏羌歌舞

先将盐渍过的蕨菜切成两厘米长节，用菜油急炒，然后加入精盐、蒜片、豆油等烧熟即可。此菜鲜脆可口，为九寨沟的特色菜。

【4．娱】

九寨沟的藏羌民俗表演由来已久，所以发展已经比较成熟，一些近几年成名的藏族歌手也在九寨沟建立起了自己颇具规模的演出中心。在九寨沟表演的演员个个都有嘹亮的嗓子和舞蹈才能，其中不乏在各级歌唱、舞蹈比赛中获奖的演员，所以演出质量是非常高的。九寨沟的演艺场表演内容包括：藏族歌舞、藏族传统活动表演、藏羌传统服饰展示等。在表演过程中，演员会与游客有非常热烈、欢快的互动，比如一起在舞台上跳起欢乐的锅庄，热情地为客人和演员献上洁白的哈达等，每位观看演出的游客都会免费享用青稞酒和酥油茶。

藏羌民俗表演是九寨沟风情的最佳展示，票价约180元，根据艺术团档次来定。

三 黄龙之旅

　　黄龙风景区位于四川省西北部的阿坝藏族羌族自治州松潘县境内，岷山主峰雪宝鼎东北侧。景区面积1340平方千米，核心景区面积700余平方千米，景区内海拔最低处为1700米，海拔最高处可达5588米，由黄龙沟主景区和丹云峡、红星岩、雪宝鼎、牟尼沟等外围景区（点）以及松潘古城组成。黄龙以彩池、滩流、雪山、峡谷、森林、瀑布"六绝"著称于世，是集大型露天岩溶钙华景观、自然风光、民族风情为一体的综合型风景名胜区。

◆ 黄龙彩池

（一）地理要素

黄龙景区地处青藏高原东部边缘与四川盆地西部山区交接带，为涪江、岷江、嘉陵江三江源头分水岭。这里的地表钙华景观十分发育，钙华边石坝彩池、钙华滩、钙华扇、钙华湖、钙华塌陷湖、钙华塌陷坑，以及钙华瀑布、钙华洞穴、钙华泉、钙华台、钙华盆景等一应俱全，是一座名副其实的天然钙华博物馆。

◆ 大熊猫

黄龙地区海拔3000米以上的地带，广泛保存着第四纪冰川遗迹，这些遗迹在岷山主峰雪宝鼎一带最为典型，包括角峰、刃脊、冰蚀堰塞湖等冰蚀遗迹和中碛、侧碛、底碛等冰碛地貌。景区内海拔超过5000米以上的高峰就达7座，发育着众多的现代冰川，以雪宝鼎(5588米)、雪栏山(5440米)和门洞峰(5058米)三条现代冰川规模最大，是中国最东部的现代冰川保存区。

黄龙的气候属于高原温带亚寒带季风气候，其特点是：湿润寒冷，一年中冬季漫长，夏无几日，春秋相连，山顶终年积雪。年平均气温7℃，日照充足，早晚雾多，雨量多集中在每年5月至8月。春天气温较低且变化较大，平均气温多在9℃～18℃之间，4月前有冻土及残雪；夏天气温回升较快且稳定，平均气温在19℃～22℃，夜晚较凉宜备薄毛衣；秋天天高气爽气候宜人，气温多在7℃～18℃，昼夜温差较大，特别是10月后的深秋。10月下旬后有冻土出现；冬季较寒冷，气温多在0℃左右。降雨少(年降雨量不足600ｍｍ)而集中，7、8两月是典型的雨季。

黄龙是天然资源的绿色宝库。区内有高等植物1500余种，大部分为中国特有种，属于国家一类至三类保护的植物有四川落叶松、眠山冷杉、独叶草、星叶草等11种，许多植物具有重要的科研、药用和经济价值。

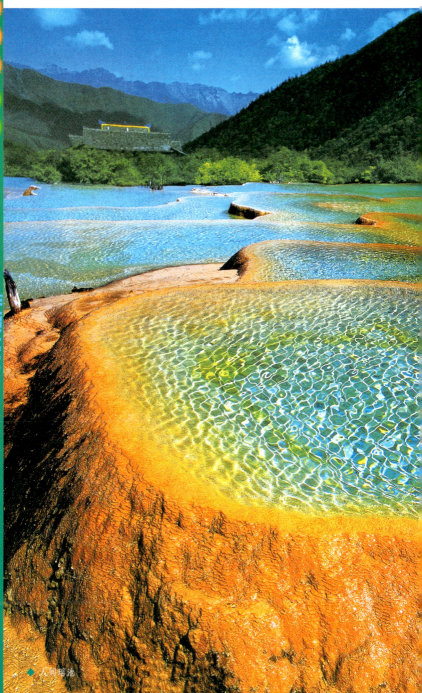

九寨沟 黄龙 旅游指南

JIUZHAIGOU HUANGLONG LÜYOU ZHINAN

人间瑶池

黄龙所处地理位置特殊，使之成为大熊猫等野生动物栖息和繁衍的理想地区，这里的珍稀动物品种多，南北动物区系兼有，还有当地特有种。其中有兽类59种，鸟类155种，属国家一类至三类保护的动物有大熊猫、金丝猴、牛羚、云豹、白唇鹿、红腹角雉等近百种，而胸腺齿突蟾等则为当地特有种。

（二）黄龙沟主景区

主景区黄龙沟的整个山谷几乎全被乳黄色的碳酸钙质覆盖，从高处看去，宛若一条从岷山雪峰飞腾而下的黄龙，蜿蜒于茂林翠谷之中。千层碧水形成层层叠叠的梯状湖泊、池沼，如璞玉，似牙雕，池水澄清无尘，水色因水底沉积物和树木、山色的千变万化，呈现出黄、绿、浅蓝、蔚蓝等多种颜色，堪称"人间瑶池"。钙华彩池、钙华滩流和钙华洞穴为主景区的三大特色。

【1．迎宾池】

进入黄龙景区，首先看到的是一组精巧别致、水质明丽的池群——迎宾池。池子大小不一，形状奇特，色彩艳丽，错落有致，四周山岳环峙，林木葱茏，山间野花竞放，彩蝶飞舞。山间石径曲折盘旋，点缀着观景亭阁，似乎是在向游客传递着迎宾之情和温暖的问候，倍添情趣。

47

◆ 黄龙雪景

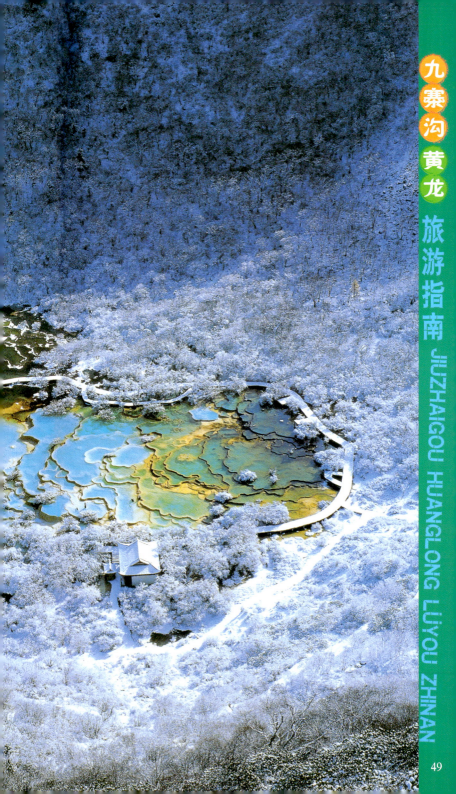

◆ 飞瀑流辉

【2．飞瀑流辉】

告别迎宾池，沿着曲折的栈道蜿蜒而上，可见到千层碧水冲破密林，顺坡而下，在高约10米、宽约60米的岩坎上飞流而来，形成数十道梯形瀑布，如珍珠滚落，银光闪烁；如水帘高挂，云雾蒸腾；如丝般缓流，舒展飘逸；如珠帘闪动，风姿绰约。瀑布后有一座陡崖，多为片状钙华沉积，色泽金黄，使整个瀑布显得富丽壮观。经太阳余晖点染，反射出不同的色彩，远望如彩霞从天而降，分外辉煌夺目，称为"飞瀑流辉"。

【3．洗身洞】

洗身洞为一钙华溶洞，位于黄龙第二台阶的一堵40米宽的钙华挂壁下部，洞高约1米，宽1.5米，洞中布满了浅黄色、乳白色钟乳石。洞口水雾弥漫，飞瀑似幕，传说是仙人净身的地方。

◆ 洗身洞

【4．金沙铺地】

金沙铺地距涪源桥约1338米。由于碳酸盐在这里失去了凝埂成池的地理条件，因此漫坡的水浪，在一条长约1.3千米的脊状斜坡地上翻飞，并在水底凝结起层层金黄色钙华滩，好似片片"鳞甲"，在阳光照耀下发出闪闪金光，这是黄龙又一罕见奇观。这里最宽的地方约122米，最窄处约40米。据科学家认定，金沙铺地是目前世界上发现的同类地质构造中状态最好、面积最大、距离最长、色彩最丰富的地表钙华滩流。

【5．盆景池】

盆景池在金沙铺地左侧，由近百个水池组成，池中有池，池外套池。池堤随树的根茎与地势而变，堤连岸接，活水同源，顺势层叠。池底呈黄、白、褐、灰多种颜色，池面澄净无尘，望若明镜。池旁池中，到处是木石花草，翠柏盘根，山花含笑，野果缤

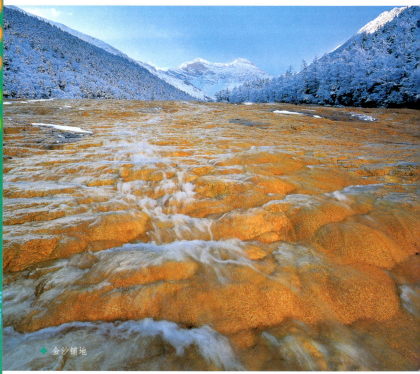

◆ 金沙铺地

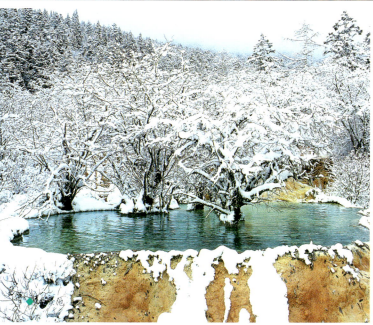

纷。这一片绚丽的景观，俨然天设地造的奇特盆景，使园艺师们也叹为观止。

行行摄摄

站在池边拍彩池，很难有壮阔的感觉，最好的办法就是登上黄龙沟两侧的山坡，从高处俯瞰整个钙华滩流和彩池群，把美景尽收眼底。如果再能考虑光线，利用高逆光，将彩池两侧的山坡湮没在黑色中，则更能突出彩池亮丽的线条。

【6．争艳池】

争艳池距涪源桥2447米，面积2万平方米，由658个彩池组成。由于池水深浅各异，堤岸植被各不相同，因此一抹金黄、一抹翠绿、一抹酒红、一抹鲜橙……争艳媲美，各领风骚，令人目不暇接。据说，争艳池是目前世界上景象最壮观、色彩最丰富的露天钙华彩池群。

【7．睡美人】

走过"争艳池"，蓦然回首，会无比惊讶地发现，身后一座巨大的山梁，顿时化作了一位美丽的藏族姑娘。蓝天白云之下，她静静地躺在群山怀抱里，身着藏族长裙，头佩饰物，头、胸、腹及腰身都惟妙惟肖，甚至挺拔的鼻梁、微笑的嘴唇也清晰可见，气质非凡，就像一位在云中驰骋的仙女，累了之后安详地静卧在林海雪原之中。

【8．黄龙洞】

黄龙洞位于黄龙后寺左侧约10米处，进洞约10米有一宽敞的大厅，高30米，宽20米，长50米，面积千余平方米，洞深至今无法考证。大厅内遍布钟乳石，千姿百态，厅左有一石阶，上有建于明朝的三尊坐佛，身上披满钙华结晶，为自然与人工完美结合的产物。每年冬季，洞内冰林、冰笋、冰幔、冰瀑布构成一幅冰晶画面，景象绚丽。

【9．五彩池】

　　五彩池距涪源桥4166米，池群面积2.1万平方米，有彩池693个，是黄龙沟内最大的一个彩池群。池群由于池堤低矮，汪汪池水漫溢，远远看去块块彩池宛如片片碧色玉盘，蔚然奇观。"玉盘"在阳光的照射下或红或紫，浓淡各异，色彩缤纷，极尽美丽娇艳。隆冬季节，整个黄龙玉树琼花，一片冰瀑雪海，唯有这群海拔最高的彩池依然碧蓝如玉，仿佛是仙人散落在群山之中的翡翠，诡谲奇幻，被誉为"人间瑶池"。五彩池是黄龙最具代表性的景观，是黄龙沟景区的精华所在，被形容成黄龙的"眼睛"。

【10．转花池】

　　转花池距五彩池约10米，面积4平方米，藏匿在高山灌木群的绿荫之中，池水清澈见底。数股泉水从地下涌出，在池面形成无

◆ 争艳彩池

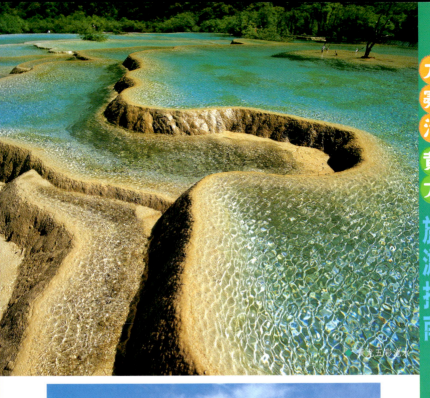

黄龙五彩池水

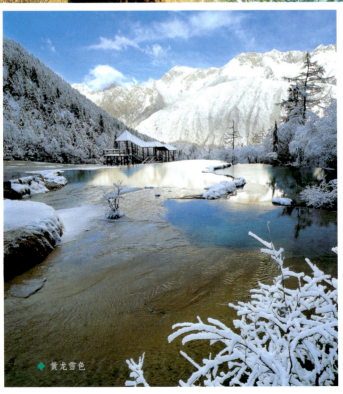

◆ 黄龙雪色

数的波纹，若有人向池水中投入鲜花、树叶，它们便会随着不同
节奏的涟漪朝不同的方向旋转起来，十分奇异，偶然又会有两朵
鲜花合上了同样的节奏，朝着相同的方向旋转在一起，其原因至
今未明。"黄龙庙会"期间，时有青年男女来此投花、投币占卜
爱情的成败，把转花池围得水泄不通，十分热闹。

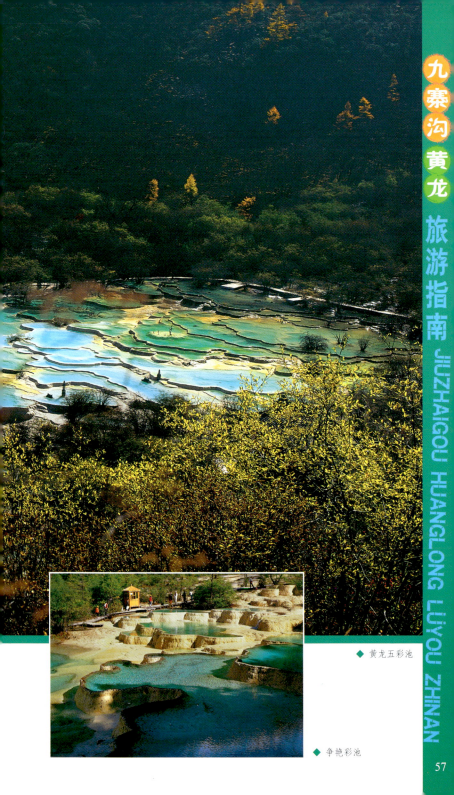

JIUZHAIGOU HUANGLONG LÜYOU ZHINAN

◆ 黄龙五彩池

◆ 争艳彩池

57

【11. 黄龙寺】

　　距沟口约3.5千米，有黄龙中寺可让游客休息。据《松潘县志》载："黄龙寺，明兵马使马朝觐建，亦名雪山寺，相传黄龙真人养道于此，故名。有前中后寺，殿阁相望，各距五里。"

　　沟内原有前、中、后三寺庙，前寺现仅存遗址；中寺共五殿。

◆ 争艳彩池

黄龙中寺建筑占地约700平方米。属佛教寺庙，为单檐歇山式造型，古朴雄伟。原有五殿，分别为山门殿、弥勒殿、大王殿、大佛殿、观音殿，现仅存观音殿及十八罗汉塑像。近年已修复一新，殿内有茶水、仪器以及旅游纪念品等供应。

距中寺约2.5千米为黄龙后寺，亦为马朝觐所建。庙宇随山就

◆ 黄龙寺

势，宏伟壮观，飞檐斗拱，雕梁画栋，独具风格。寺门绘有彩色巨龙，上有古匾，正中为"黄龙古寺"，左书"飞阁流丹"，右书"山空水碧"，书法雄浑，气势端庄。

黄龙古寺周围的群山，青翠起伏，又称"藏龙山"。白雪皑皑、玉嶂参天的玉翠山和顶峰雪宝鼎，雄居黄龙之巅。雪宝鼎上有发育良好的冰川地貌，角峰、刃脊在阳光映照下险幻无比。

距后寺背面不到100米，有一座龙王庙，庙前有近万平方米的开阔地，每年农历六月十五日在此举办黄龙庙会。届时，藏、羌、回、汉各民族群众欢聚一堂，登山饱览大自然美景，祈祷吉祥和丰收，热闹非凡。

（三）景点提示

【1．门　票】

旺季（4月1日—11月15日 8:00—18:00）门票：200元；
淡季（11月16日—3月31日 8:00—18:00）门票：80元；
索道：上行80元，下行40元（淡季索道不开放）。

【2．主要酒店】

宾馆名称	星 级	参考价	电 话
瑟尔嵯国际大酒店	五星级标准	416元	0837－8759222
松潘华龙山庄(黄龙)	四星级标准	200元	0837－7249025

【3．通 讯】

　　黄龙风景区交通便利，通讯发达。区内既可使用移动电话，又有IC电话，景区内共有IC电话20余部，在黄龙沟最高景点也能使用移动电话和IC电话。景区设有网吧，可宽带上网和发送邮件，为游客提供了许多方便。

【4．吃】

　　黄龙的地方美食品种多，可品尝糌粑、酥油茶、青稞酒、青稞

◆ 黄龙初雪

饼、血肠、酸菜面块、牦牛肉、荞麦面食、烤全羊，以及奶酪、奶渣包子、腊肉等特色美味。景区附近的饭馆可以吃到以上美食，当然要吃地道的地方美味最好去藏民家里，收费标准一般为早餐每人5元，中、晚餐每人20元。

【5．购】

黄龙景区富有浓郁民族特色的手工藏饰很便宜，价格大约是10～20元。销售精美藏刀的店铺可代办邮寄，刺绣品，骨、木、玉等雕刻，以及有名的藏药材都可列入购物清单。

【6．娱】

晚上不能错过的娱乐项目是藏羌风情歌舞晚会，充溢宗教色彩的藏族迎宾舞、高亢优美的山歌、曲调悠扬婉转的羌笛、激情飞扬的锅庄舞蹈，以及世界上最早的多声部民歌——羌族民歌，都是晚会上不可或缺的内容。品茶聊天、吃烤全羊、喝青稞酒，也是受人们喜爱的娱乐项目。

【7．游览注意事项】

着装建议

黄龙景区春天平均气温为6℃～12℃，昼夜温差很大，白天阳光明媚，日照充足，夜晚气温较低，旅游者着衣应根据天气情况的变化及时更换，白天着T恤或薄外套，早晚可穿大衣。各种防晒及保湿用品也是必不可少的。

景区夏天平均气温为13℃～21℃，昼夜温差较小，白天日照强烈，夜晚较为凉爽，旅游者可轻装上阵，切记带好各种防晒用品。

景区秋天平均气温为4℃～13℃，昼夜温差很大。此时黄龙景区进入雨季，阴雨天气较多。晴天秋高气爽，阳光明媚，雨天气温较低。旅游者着衣应带好防风保暖衣物及雨具，防晒用品也是不能少的。

黄龙景区冬天平均气温为0℃～3℃，昼夜温差不大。此时的黄龙景区天气干冷，请旅游者带足保暖用品和保湿用品，建议多食水果。下雪后很刺眼，请带一副太阳镜。

跟团前往

九寨沟、黄龙景区是四川最为成熟的旅游景区，建议大家跟团前往，这是目前最节约的方法。往往个人或者自己前往，拿不到比较优惠的房价。前往九寨沟、黄龙景区旅游，应选择信誉高、服务好，并有丰富高原行车经验的旅行社组团。

不宜剧烈运动

黄龙景区海拔在2000～4000米之间，游览过程中不宜剧烈运动，宜少饮酒，多吃米食，多食蔬菜、水果，多饮茶水或原汁饮料，多吃瘦肉、巧克力等高维生素、高蛋白质和高热量的食物。特别是蔬菜、水果，以防发生高原反应。年老体弱者，有心血管病史者，高血压、冠心病、心脏病者前往，最好能配备小型氧气瓶。有些游客会出现短时的高原反应，通过吸氧或回到低海拔地方会自愈。

注意人身安全

由于这里早晚温差较大，一般游客也应备好御寒衣物、雨具、

九寨沟黄龙旅游指南 JIUZHAIGOU HUANGLONG LÜYOU ZHINAN

手电、应急药品和食品，同时，应充分注意人身安全。随身携带常备药品、方便食品和水，以应付随时可能发生的塌方绕行或阻塞堵车等意外事故。

保护皮肤

黄龙景区属高海拔地区，景区日照强，紫外线强。长时间在户外活动，请戴上太阳帽，涂抹防晒霜，以保护皮肤。

不要带太多东西

观光游览时不要带太多东西，大的背包一定要寄存在住宿地或景区口的游客服务中心。

◆ 丹云峡

（四）周边景点

【1. 丹云峡】

丹云峡是近几年推出的旅游新景点。景区从黄龙沟口的涪源桥始，顺涪江直到小河乡洞桥，绵延35千米，沿途高山峡谷，植被繁茂，空气特别清新。

丹云峡的风景有四个特点：

其一是山谷深切，沟谷两侧的山峦莽莽苍苍，山谷浮于云端；沟形又千折百回，如蛇行龙盘，给人以世外桃源之感。

其二是植被茂密，乔木、灌木和草本植物种类繁多，奇花异木纷呈，空气清新，香气漫溢。在峡谷中徒步或乘车缓行，令人呼吸通畅，心旷神怡。

其三是一到秋天，这里是一片红艳艳的世界。峡谷两岸的红叶，火辣辣地从山脚一直铺到山顶，把天上的白云都染成红色，因此这一峡谷得名"丹云峡"。

其四是峡谷中景点众多，怪石、奇峰、异洞、飞水，各种形态的造型地貌，让人目不暇接，游兴盎然。

从黄龙管理处至丹云峡管理处的18.5千米山谷，是丹云峡主景区，涪江两岸的悬崖上，分布着许多景点，主要有玉柱峰、孕妇山、老熊吹火、石马、乌龟山、万象岩、灶孔岩、月亮岩、三步登天崖和一步登天崖、鲤鱼跳龙门等，其中不少景点的背后还有美妙的故事和动人的传说，给这里的风景锦上添花。

【2. 牟尼沟】

牟尼沟位于扎嘎山间，距成都300多千米，面积160平方千米，海拔最低处2800米，最高达4000多米，年平均气温7℃，自然风光迷人、民族风情浓郁。景区沟长5千米，风景以原始森林、高山湖泊、温泉、巨型钙华瀑布、环形瀑布、钙华彩池为主要特色，沟内的彩池、环形瀑布，构成一幅"水在林中流、树在水中长"的奇妙风景，山、水、林、石在这里巧妙地融为一体，堪称一座奇趣无穷的自然迷宫，令人流连忘返。景区主要由扎嘎瀑布和二道海两部分组成。

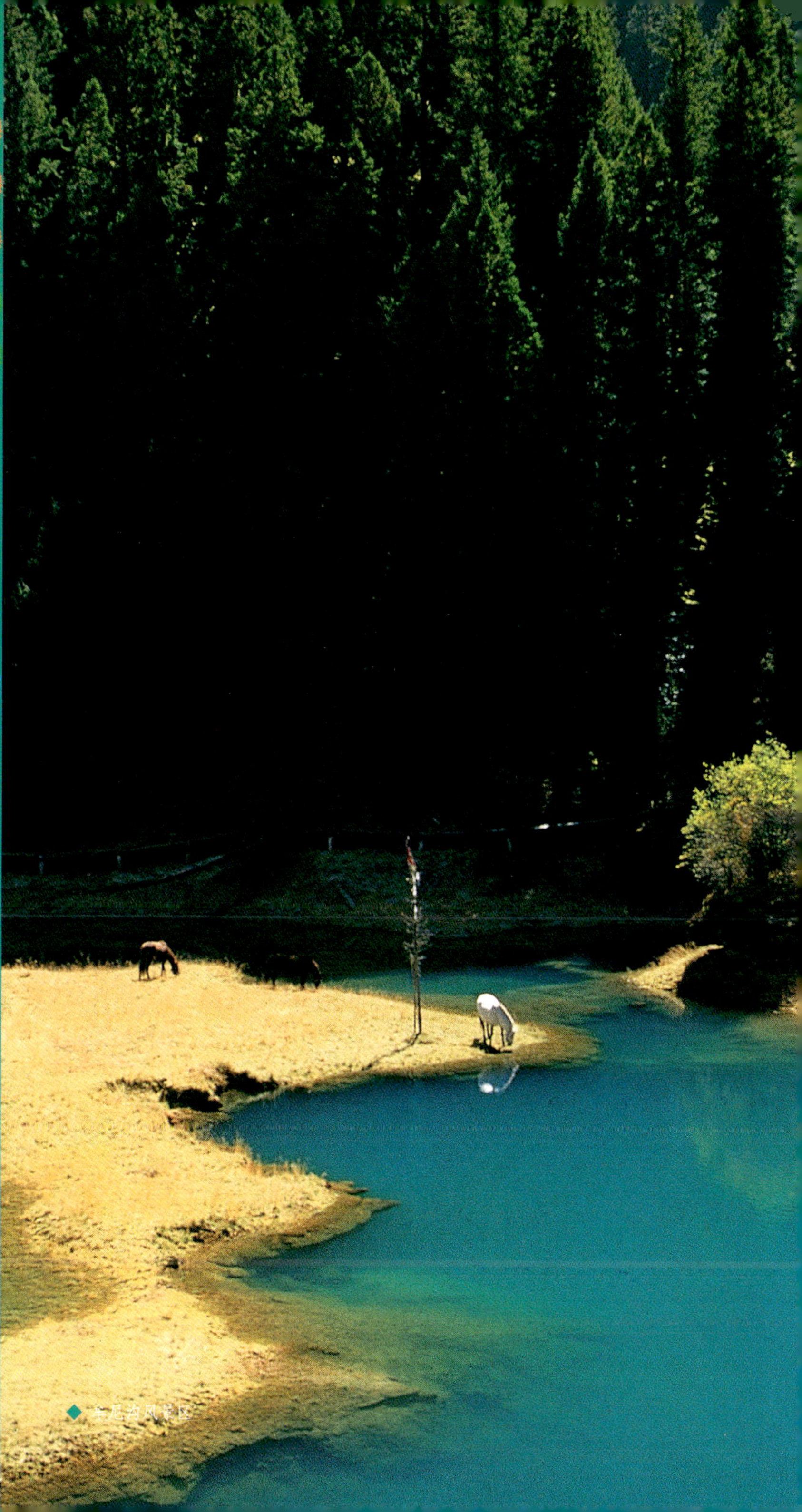

◆ 牟尼沟风景区

◆ 牟尼沟

扎嘎山

　　"扎嘎"藏语的意思是"白色"，此山的特点在于怪。扎嘎山海拔4500多米，如果步行登山，需要2小时左右。行走在蜿蜒起伏的山头上，四周全是一片翠绿，而脚下却是裸露的白色岩石，每一块或立或卧或悬，巨石千奇百怪，狰狞恐怖，而且都印有深深的似乎是被钢鞭抽打过的痕迹，据说这个谜至今尚未揭开。

扎嘎瀑布

　　扎嘎瀑布享有"中华第一钙华瀑布"之美誉。瀑布高104米，宽35米，流水以每秒23米的流速从巨大的钙华梯坎飞泻而下，声震数里，气势磅礴，远看宛如千条银色的哈达从天际飘逸而下，近看似万斛珍珠在自然的琴弦上跳跃。随风轻飘的水雾弥漫着整个山谷。夏季瀑布被道道彩虹装点，冬季瀑布则挂上华丽闪烁、气派非凡、晶莹剔透的冰帘。整个瀑布一泻三阶，第一阶中间有一个水帘溶洞，洞内大厅高6米，面积约50平方米，厅内钟乳石遍布，似宝塔、似竹笋，玲珑剔透，形状逼真。瀑布下游约4千米的山溪内，清澈的流水随着地势的高低落差浑然而为串珠似的环形彩池，池水从鱼鳞叠置的环形钙华堤坎翻滚下来，跌落成层层的环形瀑布，一池一瀑，珠联玉串，蔚为奇观。流水淙淙和着鸟儿的啁啾，在树丛中、地面上萦绕婉转。茂密的原始森林、众多的野生动物、珍贵的野生植物和名贵的野生药材等组成了牟尼沟丰富的自然资源。

　　由于地处青藏高原东部的岷山山脉深处，牟尼沟地势复杂，

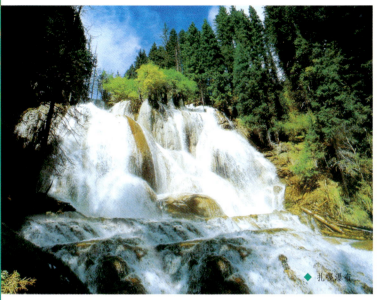

◆ 扎嘎瀑布

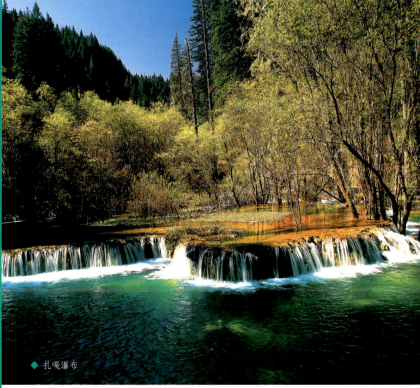

◆ 扎嘎瀑布

生态环境多样，阴坡森林多，阳坡草坡多，其间生活着众多的国家一、二级保护动物和其他动物800余种，有大熊猫、金丝猴、黑颈鹤、金雕等。牟尼沟既是动物的乐园，同时野生中草药种类也繁多，主要有松贝、雪莲花、虫草等。

【3. 翡翠泉】

翡翠泉为中国十大名泉之一，泉口并不大，只有2米见方，然而泉水却特别清澈、甘凉。当地老百姓视此泉为神泉，并很早就发现此水可以治病，因此大凡有胃病、关节炎的人，便来此地取水，或饮或浴，见好者不少。经测定，翡翠泉水系清洁度很高的低钠、低镁碳酸泉，并且含有锶、氡等多种对人体有益的微量元素，尤其是含有丰富的游离二氧化碳，每1升水里就含有1559毫克游离二氧化碳，可以直接装瓶出售。

【4. 二道海】

神秘美丽的二道海和扎嘎瀑布仅一山之隔。在这道长5千米的狭长山沟里，镶嵌着二道海、天鹅湖、翡翠湖等景点，个个宛如珍珠、翠玉。有的藏匿于密林之中，有的袒露于蓝天之下。水面静得含蓄，动得奔放，大自然的鬼斧神工在这里演绎得淋漓尽致。

二道海的得名，是因为有两个紧紧相邻的堰塞湖，上海子称为"花海"。这里山坡平缓，水流缓慢，水面上漂浮着一层圆叶藻类植物，开着五颜六色的花朵，似天上的繁星，故称"花海"。下海子和上海子之间仅隔着一片柳林，只要踮踮脚尖便可相望，传说这两个海子是两姐妹，而且是双胞胎，不但一样的清秀、一样恬静、一样的大小，甚至连形状都是一样的。

过了二道海，还有三道海，四道海…… 这里共计有大小湖泊400多个，大小不一、形状各异，湖水一片墨绿色、深不可测；森林、蓝天和白云倒映在湖中，融为一体。恍惚间，天和地在水中颠倒了。

【5. 松潘古城】

松潘县治所在地，古称松州，这里既是川西北旅游的重要中转地，是去九寨沟、黄龙、红原大草地的必经之地，也是极其重要的

◆ 松潘古城

军事重地。千里岷江滚滚东去，若从源头算起，松潘当属"千里岷江第一城"。

古城印象

松州古城始建于明洪武十二年（1379年），十年后又扩建。据县志记载："垣周九里七分三，高丈五，城深一丈九尺，广三丈，开五门……嘉靖时，复于城南建外城，周二里七分，计四百二十四丈七尺，高一丈八尺，门二。"寥寥数语，透露出古城当年的宏伟气势。如今，虽历经风雨人间沧桑，但古城的骨架仍十分完整，蜿蜒于城周及山梁的城墙至今犹存，四大城门基本无损，古城之风韵未减。1986年，县城的古城墙被列入四川省省级重点文物保护单位；1989年，松潘县城被列为省级历史文化名城。

松潘古城自古就以商贸饮誉海内。旧时城中就有丰盛合、义合全、本立生、聚盛源、裕国祥、大盛源六大茶号和裕厚长、锡丰、利贞长、利亨永四大商号，有座商100余户，流动行商、商贩1200余家。如今更是商贾云集，店铺星罗棋布，尤其是做旅游纪念品和小吃生意的商贩居多，各种藏族手工艺品和富有民族特色

的纪念品令游人应接不暇，眼花缭乱。

松潘城里的传统文化也世代相承，延续不断。尤其是过春节，各家各户屋檐下垂吊各式灯笼，四方形、圆柱形、菱形，什么式样均有。灯笼用红绸纸裱里，在夜晚，透出温暖柔和的灯光。灯笼与木楼青瓦房搭配，古色古香，和谐至极。各家门上贴对联，正隶篆草，各种书体皆有，字字若生若行，若飞若动，相互顾盼有情。窗前贴着剪纸窗花，有双喜临门、二龙抢宝、荷叶莲花等，题材广泛。古城还兴赛歌、舞龙、跳花灯舞、走高跷、唱川剧……一股浓郁的民间传统文化气息扑面而来。

历史上，松潘古城还有著名的"古城八景"：古桥春涨、炉峰晓烟、金篷晚照、龙潭映月、大悲梵钟、赤松古迹、雪栋霁色、风洞秋声。

主要酒店

松潘县及其距县城17千米的川主寺镇，是九环线上的重要交通中转地，团队及散客常在这里借宿一晚，然后转道去九寨沟、黄龙、红原大草原、九曲黄河第一湾、若尔盖草原等地。在旅游旺季，这两地的住宿经常供不应求，游客最好提前订妥房间。

■在川主寺镇

宾馆名称	星 级	参考价	电 话
岷江源国际大酒店	五星级	240元	0837－7252222
嘉绒鑫宫大酒店	五星级	450元	0837－7240333
川主国际酒店	三星级	200元	0837－7242222
岷源山庄	三星级	200元	0837－7240222
黄龙宾馆	经济型	150元	0837－7242555
洛吉宾馆	经济型	100元	18015779544

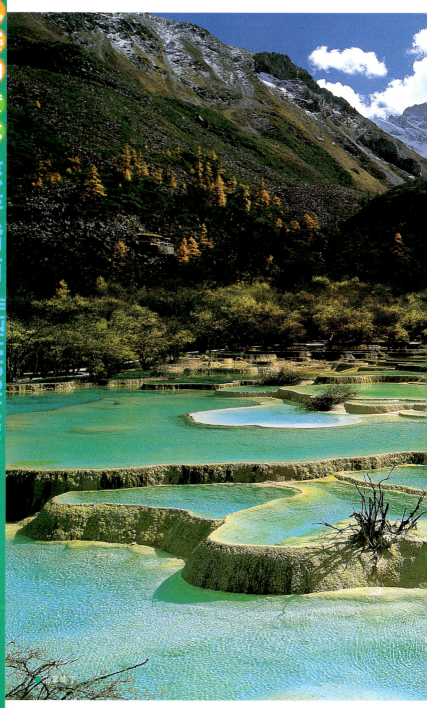

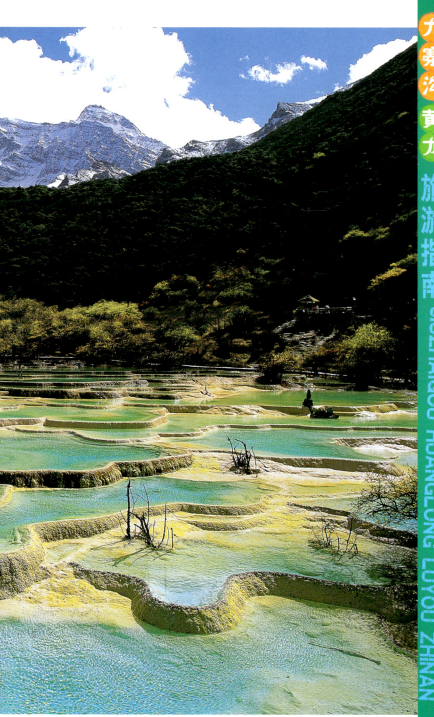

■在松潘县城

宾馆名称	星 级	参考价	电 话
太阳河国际大酒店	四星级	400元	0837-7239888
黄龙国际大酒店	二星级	400元	0837-7233366
明德宾馆	经济型	150元	0837-7234919
林海商务宾馆	经济型	150元	0837-7235677
伊馨园客栈	经济型	240元	0837-7232599
天马大酒店	舒适型	320元	0837-7233188
古韵客栈	经济型	140元	0837-7231368

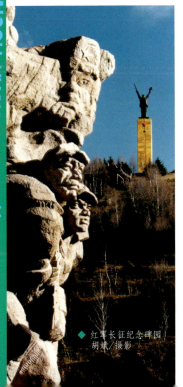

◆ 红军长征纪念碑园
胡斌/摄影

【4. 红军长征纪念碑碑园】

　　碑园位于川主寺镇东侧圆宝山，1988年4月动工，1990年8月25日落成，并由邓小平同志亲笔题写了园名。红军长征是人类历史上的一个伟大壮举，中共中央政治局在长征途中召开过5次重要会议，其中2次是在松潘境内召开的，即"沙窝会议"、"毛儿盖会议"，因此红军长征纪念碑碑园就选择建在了这里。

　　碑园由纪念碑、大型群雕、大型浮雕及陈列馆组成，被誉为我国"中国工农红军长征纪念总碑"。主碑堪称中华第一碑，碑身为三角立柱体，象征红军三大主力紧密团结，坚不可摧。在24米高的碑顶巍

然�矗立着近15米高的红军战士像，双手高举成"V"字形，一手持花，一手持枪，象征着长征的胜利。碑园有"八景"：黎明火种、断臂浮雕、三军铜像、英雄群雕、翠湖红柳、金秋兰亭、金碑夕照和火炬碑文。

汉白玉的碑座形似雪山，寓意为雪山草地树金碑。每当夕阳西下，碑身通体金光四射，在满山苍松翠柏的映衬下，格外庄严肃穆，是九环线上的标志性景观之一。

【5. 神仙池】

神仙池是近年新建成的高等级、高品位的景区。这里位置适中，风景独特，文化厚重，民风淳朴，正逐渐成为九黄旅游线上一颗璀璨的明珠。

从川主寺经九道拐，大约1小时的车程，可抵达甘海子。从甘海子可直接驱车到神仙池旅游服务区。沿着林间小路，只需步行10多分钟就能看到神仙池神奇的钙华池、钙华瀑布。神仙池的水是那种出名的"九寨蓝"。这是一种很特别的蓝色，与大海的深蓝、天空的蔚蓝都很不同，它是各种纯净的蓝色的组合。走在葱郁的密林中，在墨绿的柏树和红桦树近乎妖艳的红色枝条间，突然出现一抹透亮的纯蓝，让人为之一振，疑是走到了神仙居住的地方，这可能就是"神仙池"名称最初的来源吧。

走到湖边，湖水清澈透亮，随倒映的山林、蓝天而呈现出深浅不同的各种蓝色。倒入湖底的树木清晰可见。树木在水里不会腐败，而是达到一种"不朽"。由于湖水中含有特别丰富的钙质，任何落入湖水中的东西还没腐朽就会被沉淀的钙质所包围，在表面裹上一层碳酸钙的外壳。年深日久，湖中的树干被钙质越包越厚，变成浑圆形状，被人形象地称为"面包树"。

神仙池就像一个集九寨沟与黄龙于一身的精灵。这里成片的山坡，被黄色、乳白色的钙华所包裹，形成一个个奇特的盆状钙华池的钙华坡，透澈的流水从坡面潺潺流下，让人惊叹自然造物的神奇。

值得一提的是，去神仙池的必经之路是甘海子。这里树木茂密，气候宜人。暮春到甘海子，只见一片平畴，绿色的池草犹如

◆ 甘海子

修建整齐的草地。甘海子水浅草密，大片的湖面被芦苇覆盖，只有中心部位才有出露的水面。

甘海子环境优美，接待设施完善，人称"休闲天堂"。新建成的甘海子九寨大堂国际会议度假中心，给游客提供了高品质的休闲与享受。在这里，五星级的酒店掩映在原始森林中，建筑与环境如此和谐融合，为世所少见。这里的温泉中心、购物中心、自然生态园林、酒吧、民族文化博物馆和歌舞剧场，无不显露出精美和灵秀。

神仙池门票：398元，包括从甘海子去神仙池的往返车票、景区内环保观光车票及一顿午餐。

（四）九寨沟、黄龙的藏族风情

　　九寨沟、黄龙长期以来即为藏族聚居地，神秘凝重、地域特色鲜明的藏族文化与奇异的山水风光融为一体，相得益彰。藏族文化，博大精深，源远流长。九寨沟、黄龙的先民们在此世世代代，繁衍生息，与周围的羌族、回族、汉族携手合作，创造了独特的高原文化。至今，九寨沟人的衣食住行、婚丧嫁娶和生产方式等，还保持着浓郁而古朴的藏族传统：精美的服饰，剽悍的腰刀，香醇的青稞酒、酥油茶，洁白的哈达，欢快的踢踏舞，稳健的二牛抬杠，遍地的嘛呢堆，高耸的喇嘛塔，循环不息的转经轮……

（一）历史

　　九寨沟、黄龙所在的嘉陵江、岷江上游地区在古代称氐羌之地，有历史记载的人类活动早至殷商。九寨沟内藏族的祖先是生活在甘肃玛曲一带的俄洛部落，原属党项羌氏分支，后被吐蕃臣服。唐初吐蕃东征时，松赞干布以其为先锋，占领松州（松潘）后将其留住当地，其中居于白河畔的俄洛部与白马部结成联盟，其后代即为九寨沟中九个寨子的藏胞。

（二）藏族传统建筑

　　九寨沟、黄龙藏族人的住房，与内地截然不同。内地房舍、平房多人字屋顶，便于泻水；屋房多为木架构，砖砌。藏族的房子，多为土石结构，平顶狭窗。贵族的庄园，却围墙高耸，层楼屹立。下面就几种主要的建筑形式作一个介绍。

　　木楼：九寨沟因沟内有九个藏族村寨而得名，原始古朴的村寨散落在绿树环抱的群山之中，显得更加古老宁静。一个民族的古老建筑总是和他们的生存环境、生命繁衍息息相关，九寨沟属山地温带地带，冬季比较寒冷，夏季则相对凉爽，所以这里的传统建筑大都为木结构。木楼一般分为三层，底层关牲畜及储藏土豆、萝卜等主食、蔬菜，第二层为家人的居室，重要物品也存放

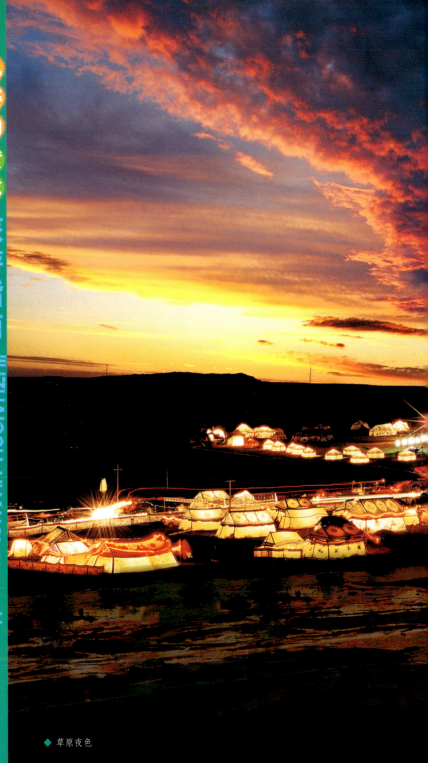

◆ 草原夜色

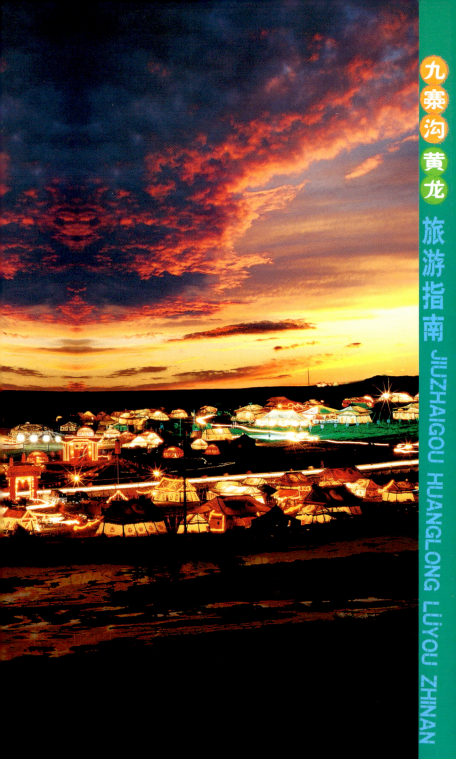

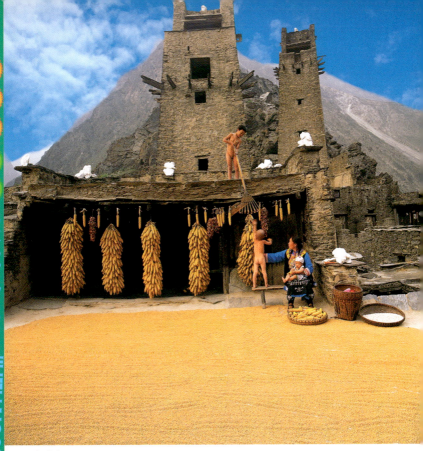

◆ 羌寨

在第二层，第三层则储藏粮食、草料及竹、木质农具等。

　　陋室：一般平民居住的一层建筑。结构简单，土石围墙，架木（或树枝）于上，覆以泥土。房顶用一种当地风化了的"垩嘎"土打实抹平。内室居人，外院围圈牲口。

　　平房：一般两层，墙基用石砌，上面用土坯垒，上层住人，下层作伙房、库室和圈牲口之用。

　　碉房：过去贵族、领主、大商居住的房子，一般三层以上，最高到五层。用石做墙，木头作柱，柱子密集，约4平方米便有一柱，上用方木铺排做椽，楼层铺木板；柱头、房梁等处，装饰绘画，十分华美；二、三层向阳处均用落地玻璃，采光面广，人住其中，冬天不用生火取暖；楼顶有阳台，可供晒物品和散步、观光用。这种碉房，四周围墙，中间庭院，墙厚尺余至二尺，坚固实用，便于防御。窗户多朝庭院开放，院外用小窗窄门，有挡风御寒之利。房屋二、三层住人，底层当库房。

寺庙：寺庙是藏族建筑物的典型，规模最庞大，布置装饰最为华丽。中央正殿栋宇辉煌，巍峨耸峙。宫顶金碧耀眼，与日争光，规模宏大，楼房叠砌，俨然一座城池。寺内四壁，粉色彩画，廊道柱梁，油漆装饰细致，雕梁画栋，豪华异常。

帐篷：牧区普遍用牛毛帐篷作为住房，用牛毛纺线，织成粗氆氇，缝成长方形的帐篷，当中支撑木杆，外面用毛绳拉开钉在四周地上，周围用草饼或粪饼垒成墙垣，一方开门。白天将帐篷布对开分撩两边，人可出入；晚上放下用带结紧。近门中央，支石埋锅为灶，帐顶露有一条长缝，沿缝缀小钩，便于通气和启闭。这种帐篷虽然简单，但牛绒捻纺质地粗厚，不怕风雨大雪，也便于牧民随时搬迁。现在，牧区逐渐建造一些定居点，作为冬季住房和老人、小孩久居的地方。定居点多为土木结构，形式与农区近似。

（三）民族服饰

九寨沟、黄龙地区的藏族服饰别有特色，服装做工精细，华美洒脱。男子穿红、紫、咖啡色氆氇，内穿白色衬衫，衣袖宽松，系红色或黄色腰带，腰间佩带腰刀或吊刀，头戴礼帽，显得英武潇洒，恰好衬出他们的健壮体魄和剽悍豪爽的性格。女子爱穿长至脚踝的黑色衫，系红色腰带，头戴羊皮镶边的圆形帽。节日盛装时，背后从头到脚披一条长带，上缀镂花银碟和珠宝，加系皮制窄腰带，上缀大银花；佩戴双耳环和玉石、琥珀、象骨、玛瑙等制成的项链、手镯和嵌珠银戒，既不失村野风味，又显得雍容富丽。中老年妇女常在肩上斜挂一个银质经盒，并将头发梳成许多长而细的小辫披在肩上。老年男子喜欢手摇转经筒，戴一串佛珠项链。冬天，男女都穿豹皮镶边的大皮袄，头戴漂亮的狐皮帽。

饰物在这两地区女性的装饰中占有十分突出的位置，藏族女性的各类首饰及其挂件遍布全身：头上佩的簪子、发卡、骨环、玉磐、发珠饰链及各类耳环等；胸前戴的项链、珠饰、托架（远古金属圣物）、嘎乌等各类护身饰件；腰上系的图纹腰带、金属腰带、悬挂的火镰、腰包、奶勾、藏刀、海贝、小铃等一大批精美饰件；手上戴的各类戒指手镯；背后披挂的氆氇五彩饰带等，均为当地的

民间工匠以手工精制而成，尤其对金银珠宝的选料和制作颇有独到之处。九寨沟的藏族十分看中其艺术性与文化性，并十分善于将生活中的动物、植物以及理想中的吉祥物衍变为图纹在首饰中出现。随着社会的发展，有的图纹已成为社会各阶层与职业范围的标识；值得一提的是，宗教文化给予了饰物图纹的强烈影响，饰物图纹也反映了九寨沟藏民的宗教观念，如宗教文化中"喷焰三宝"、"十项自在"、"双鹿法轮"、"鹏鸟"、"水龙"和众多的宗教符号，都在饰物图纹中有所应用和体现。在九寨沟，苯教推崇的数字"九"已成为珠宝图纹的最吉祥数字。历史上曾经的长期游牧生活，使九寨沟、黄龙藏民族所穿戴披挂的不仅是服装饰件，而且是一笔巨大的财产，显示的不仅是美，而且象征着豪华与富有。

◆ 康巴服饰

◆ 嘉绒藏饰

（四）饮食文化

　　九寨沟、黄龙的藏胞从古至今居住在高寒地区，形成了与其他兄弟民族迥然不同的饮食习惯。藏族人民对自己的传统食品和食俗，犹如对待风俗一样，怀着深厚的感情。游人在欣赏这里秀丽山川的同时，若是再吃一口香甜的糌粑，品一品鲜爽的酥油茶，喝一杯醇香的青稞酒，尝尝地道的地方菜肴，定会另有一番滋味在心头，获得从未有过的享受。

　　糌粑是藏胞的主要食品，形似内地的炒面，可分为青稞、豌豆、燕麦糌粑等。藏胞无论下地劳动，上山放牧，出门旅行，都要随身携带糌粑。吃时，往碗里倒些糌粑和少量的酥油，冲茶水食用，吃时还可放入奶渣或白糖。糌粑携带方便，又是熟食，在地广人稀、燃料缺乏的地方，的确是一种物美价廉而又实用方便的快餐食品。

　　在九寨沟、黄龙藏胞家中，酥油茶壶从早到晚都煨在火塘上面，任何时候，都可以喝到又香又热的酥油茶。酥油茶营养丰富，香醇可口，并有提神、滋补作用，深为藏族群众所喜爱，也成为九寨沟的特色饮料。

◆ 藏族姑娘

◆ 若尔盖大草原

奶制品也是九寨沟、黄龙一带的特产。这里的藏族群众习惯养奶牛，牛奶很丰富。从春至秋，鲜奶源源不断流入牧民家的奶桶内，人们用它制作出多种多样的奶制品，日常食用的主要有奶酪、奶渣、奶皮、酥油和酸奶。奶酪是用提取过酥油的奶水加热、发酵，挤出水分制成的。把奶酪装入毛布口袋里，用力挤压去掉水分，摊开晒干，即为奶渣。将鲜奶盛在锅里，用文火慢慢地熬煮，奶的表面渐渐凝结成味香可口的奶皮。酸奶则是将牛奶煮沸，倒入木桶，加少量的旧酸奶作发酵剂，将温度控制在30℃～40℃之间，使乳酸菌大量繁殖，将牛奶中的乳糖分解成乳酸后而制成的。这种

◆ 锅庄舞

像嫩豆腐饮料，芳香可口，营养丰富，深受中外游客的喜爱。

到九寨沟、黄龙的藏胞家做客，藏胞们一般都要请你吃酸菜汤。酸菜除了味道好以外，还可以调节口味，增进食欲，帮助消化。除此之外，吃酸菜让人多排汗，有的人吃过便汗流浃背，可防治感冒。酸菜的做法很简单，把一般的疏菜叶煮到快熟时，取出冷却，然后装入坛子或木桶里，再加一点冷水，密封好放在阴凉处，一星期左右就成酸菜了。九寨沟的藏胞们一般在春暖花开时开始忙于做酸菜，夏秋季做得最多。

青稞酒，有"藏式啤酒"之称，是各地藏族同胞生活中不可缺少的饮料，也是欢度节日和招待客人的上品，这在九寨沟、黄龙也不例外。按照藏族习俗，客人来了，豪爽热情的主人要端起青稞酒壶，斟三碗青稞酒敬献客人。前两碗酒，客人按自己的酒

量，可喝完，也可剩一点，但不能一点也不喝。第三碗斟满后则要一饮而尽，以示尊重评价。藏族同胞劝酒时，经常要唱酒歌，歌词丰富多彩，曲调优美动人。

（五）民间舞蹈

　　藏族是一个能歌善舞的民族，四川藏族民间舞蹈有锅庄、弦子、踢踏舞、热巴舞等，种类很多，异彩纷呈。而在九寨沟、黄龙，则以锅庄最为普遍。

　　锅庄就是圆圈舞，是以舞为主、歌舞结合、歌时少舞、舞时不歌、歌舞穿插进行的一种参与性很强的大众化集体舞蹈。安多、康巴、博巴方言中都称"锅庄"为"果卓"，"果"为转圈，"卓"为舞蹈，音译成汉语时变了音，成为了"锅庄"。其实，"锅庄"一词是旧社会汉人对有一定势力的藏族商人住所和

经营场所的称呼。"锅"的本意为火塘的铁脚架上置锅，熬茶煮饭，引申为财产；"庄"是"众"的意思，一个老板总有若干忙于鞍前马后的人。把"果卓"译成"锅庄"，一是两者音调相近，二是藏族商人喜欢围绕火塘跳这种舞，久而久之，将"锅庄里跳果卓舞"省略成"跳锅庄舞"了。

跳锅庄时舞蹈者人数不限，排立成圆圈，一半为男，一半为女，边唱边跳，脚步按顺时针方向移动（信仰苯教的地方则以逆时针方向移动）。脚上动作以三步和四步较多，用舞曲的旋律控制节奏，以长袖的挥舞完成舞蹈的语言变化。

在九寨沟和黄龙地区，人们把锅庄分为"达尔尕底"（大锅庄）和"达尔尕仁"（小锅庄）。大锅庄典雅、庄重，适合在重大节庆和欢迎欢送等场合表演；小锅庄粗犷、活泼，适合于平常的娱乐场合表演。尤其是在星光闪烁的夜晚，人们常围着熊熊燃烧的篝火，载歌载舞，通宵达旦，尽情欢跳，荡漾着快乐和温暖。

（六）藏族宗教

九寨沟藏族的先民，是原始苯教的信仰者。苯教，藏语称"苯波"，原为藏族古代盛行的一种原始宗教，俗称黑（苯）教，崇奉天地山林水泽等自然的神鬼精灵，后因受藏传佛教——喇嘛教的影响，新创了教理教义，演变出类似藏传佛教的一个教派，俗称白（苯）教，以示和藏传佛教的主流教派——黄教（格鲁派）、红教（宁玛派）等相区别。在当今一年一度的扎如寺麻孜会上，僧人依然戴着法王、鬼怪仙人、保护神等苯教的面具跳神，降妖驱邪镇魔。这些面具有的巨齿獠牙，披头散发；有的三目圆睁，眉似火焰；有的头顶骷髅，狰狞丑陋，它们已超越传统意义上的美学内涵，表现出一种怪诞美与震撼人心的精神力度。

扎如寺，是九寨沟内唯一的苯教活动场所，建于明末，原占地面积为1.5万平方米，建筑结构精巧，特点突出，具有浓郁的藏族民族风格。整个建筑群包括大殿、藏经楼、乐台、库房、迎客楼、喇嘛和尚居室等七个部分。屋脊金顶闪光，室内地毯豪华，彩色佛像庄严神圣。寺内现住有喇嘛3人，僧人百余人。

进入九寨沟，人们可见一些藏族群众或手执一个高约7cm、圆

径10cm、两侧垂着小耳的嘛呢手轮，一边不停地转动，一边念念有词；或来到转经筒前，轻轻转筒诵经。年复一年，日复一日，永世不停。原来，根据藏传佛教教律，凡转动一次手轮或转经筒，即当诵经一遍。如诵经千遍，可免罪孽，获得超度，因此有些虔诚的信徒，是在嘛呢手轮与诵经筒不停地转动中走完自己的一生。他们一边转筒摇轮，一边念念有词，总是"唵嘛呢叭咪吽"地反复吟诵。这六个字，是藏传佛都六字真言的译音，它们概括了大乘佛教全部价值观念和奋斗目标，吟六字真言，被信徒们视为是实现完满功德的途径。

在去九寨沟和黄龙一路的村庄道路旁，我们还可看到一排排高矮参差的旗帜，如同一条条彩龙，随风翻卷，蔚为壮观。这些经幡，是以数丈长的红、白、黄等色的布料或绸缎印上经文竖挂在旗杆上的。据资料记载，远在吐蕃王朝鼎盛时期，征战不断，干戈连年。每逢征战之后，统治者为了奖励功臣，钦赐勇士，激励斗志，除了赏给金银珠宝、美女佳肴、牛羊丝匹之外，还要赠给哈达，以示荣耀。而这些勇士们则往往把所赠哈达，高悬在帐房四周，以荣显门庭。后来，藏传佛教借用这种做法，把印有经文的布帛，高高挂在房外，昭示日月，代行念经，就可达到修行积德、惩恶扬善、忏悔罪孽的目的，使藏族同胞找到了精神上的寄托，带给他们几许安慰。他们希望以此获得上苍给予的温煦阳

◆ 喇嘛寺晨光

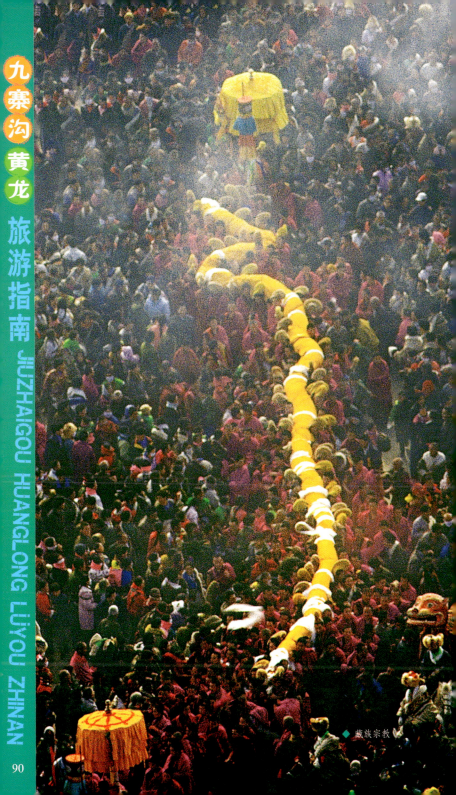

◆藏族宗教

◆ 白塔

光、和暖春风、滋润雨露、肥壮牛羊……所以，九寨沟和黄龙地区的藏胞们在寺庙及房前屋后悬挂经幡的习俗，传承至今，历久不衰。

（七）传统节日

【1．藏历年】

藏历起源于公元1027年，藏历的第一天被固定为藏历新年。藏历年既是藏族人民的传统节日，也是藏族最盛大的节日，节日期间，家家户户团聚，用吉祥如意的美好语言相互祝福。藏历年初一，男女老少，见面都要互道"扎西德勒"（吉祥如意）、"洛萨尔桑"（新年好）。新年里，孩子们燃放鞭炮，大家喝青稞酒、酥油茶，互相祝酒，尽情欢乐。城乡演唱藏戏，跳锅庄和弦子舞。在

◆ 藏戏表演

牧区，牧民们点燃熊熊篝火，通宵达旦地尽情歌舞。节日期间，民间还有角力、投掷、拔河、跑马、射箭等一系列比赛活动。

【2．黄龙庙会】

　　黄龙庙会具有悠久的历史，农历六月十五为正会期，通常自每年的农历六月十二开始，到六月十六结束。参加庙会的人不仅有藏族，还有回、汉、羌等民族；不仅有本地人，还有来自青海、甘肃等省的各族群众。

　　汉、回民族前来赶庙会，为的是向黄龙真人焚香磕头，祈求幸福；藏族群众前来赶庙会，为的是转圣山。来的目的虽然不一，但前来黄龙的时间却如此巧合。苯教的信教者说，他们于农历六月

中旬转圣山，与苯教大师阿尼·降帕于某虎年的六月十五日那天发现圣山雪宝鼎有关。庙会期间，还要举行物资交易会，热闹非凡。值得称道的是，藏族中藏传佛教的信仰者，在来到黄龙转雪宝鼎圣山时，能够尊重苯教习俗，放弃佛教顺时针的转山法而依从苯教的逆时针转山法，从而使不同教派的信教群众能够互相尊重，互相理解，团结友爱。

【3．扎如庙会】

五月初一是九寨沟扎如寺的庙会，也是扎如寺的宗教盛典。这天除全寺的喇嘛要念经诵佛外，当地藏族群众也要换上干净的衣服到寺院参拜，以表示自己对宗教的诚笃和心灵的圣洁。当

天，九寨沟周围的松潘、若尔盖等地的藏民，也会尽情梳妆打扮，聚会扎如寺，参加庆典，赠送哈达，观看藏戏表演。然后三五成群分散在翡翠河畔、松树林中，席地而坐，互相祝酒，共叙友情。青年男女则双双对对，进入密林深处，海誓山盟，自订终身。

（八）藏区旅游提示

◇接待客人时，无论是行走还是言谈，总是让客人或长者为先，并使用敬语，如在名字后面加个啦字，以示尊敬和亲切，忌讳直呼其名。迎送客人，要躬腰曲膝，面带笑容。

◇室内就坐，要盘腿端坐，不能双腿伸直，脚底朝人，也不能东张西望。

◇接受礼品，要双手去接。赠送礼品，要躬腰双手高举过头。

◇敬茶、酒、烟时，要双手奉上，手指不能放进碗口。

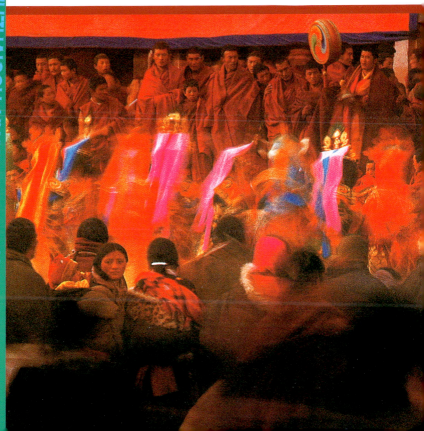

目录 CONTENTS

九寨沟黄龙旅游指南

JIUZHAIGOU HUANGLONG LÜYOU ZHINAN

JIUZHAIGOU HUANGLONG
LÜYOU ZHINAN

九寨沟·黄龙
旅游指南

高屯子◇图
李如嘉◇文

中国旅游出版社